U0590485

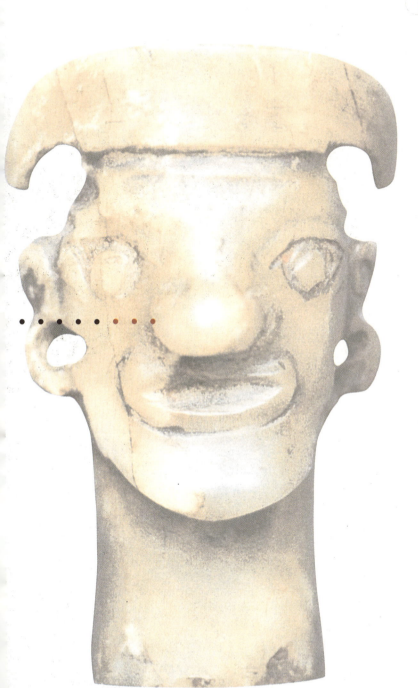

话说
中国

春秋巨人（上）公元前770年至公元前403年的中国故事

陈祖怀 著

上海故事会文化传媒有限公司

上海锦绣文章出版社

总顾问：李学勤
总策划：何承伟

本卷顾问：李学勤

主编：　刘修明
副主编：陈祖怀

正文作者（按卷次先后排列）

《创世在东方》　　杨善群　郑嘉融
《诗经里的世界》　杨善群　郑嘉融
《春秋巨人》　　　陈祖怀
《列国争雄》　　　陈祖怀
《大风一曲振河山》程念祺
《漫漫中兴路》　　江建忠
《群英荟萃》　　　顾承甫　刘精诚
《空前的融合》　　刘精诚
《大唐气象》　　　刘善龄　郭　建
　　　　　　　　　郝陵生
《变幻中的乾坤》　金尔文　郭　建
《文采与悲怆的交响》程　郁　张和声
《金戈铁马》　　　程　郁　张和声
《集权与裂变》　　胡　敏　马学强
《落日余晖》　　　孟彭兴
《枪炮轰鸣下的尊严》汤仁泽

辅文作者（按姓氏笔画排列）

马学强　田　凯　仲　伟　江建忠　刘善龄
刘精诚　汤仁泽　杨善群　李　欣　李国城
张　凡　张和声　陈先行　陈祖怀　苗　田
金尔文　郑嘉融　宗亦耘　孟彭兴　赵冬梅
秦　静　顾承甫　殷　伟　郭立暄　程　郁
程念祺

图片提供

文物出版社、河南博物院等单位
及（按姓氏笔画排列）田　凯　仲　伟
孙继林　李国城　何继英　陈先行　欧阳爱国
殷　伟　徐吉军　郭立暄　郭灿江　崔　陟
翟　阳　薄松年等
本页长城照片由陈健明拍摄

梦想与追求

何承伟

为最广大读者编一部具有现代意识的历史百科全书

出版说明

> 中国是一个拥有五千年灿烂文明史、又充满着生机与活力的泱泱大国。中华民族早就屹立于世界的东方，前赴后继，绵延百代。

> 作为中国人，最为祖国灿烂的过去与崛起的今天感到骄傲。

> 作为中国的出版人，应义不容辞地以宏大的气魄为广大热爱中国历史的读者，承担起传播这一先进文化的责任：努力使中国历史文化出版物，与中国这样一个拥有五千年文明史的过去相适应，与当代中国日新月异的发展现实相适应，与世界渴望了解中国的需求相适应。

> 人民创造了历史，历史又将通过我们的出版物回赠给人民，使中华民族数千年积累起来的灿烂文化成为当今中国人取之不尽的思想宝库，让更多的读者感悟我巍巍中华五千年光辉历史进程和整个中华民族灿烂的文明成果。

> 为此，我们作了大胆的探索：以出版形态的创新为抓手，大力提高这套中国历史读物的现代意识的含量，使图书能够真正地"传真"历史；以读者需求为本位，关注现代人求知方式与阅读趣味的变化，把高品位的编辑方针和大众传播的形式有机结合起来，独辟蹊径，创造一种以介于高端读物与普及读物的独特的图书形态，努力使先进的文化为最广大的读者所接受。

> 经过多年的努力，这套融故事体的文本阅读、精彩细腻的图片鉴赏、便捷实用的检索功能于一体的中国历史百科全书——《话说中国》终于将陆续与读者见面。这套书计15卷，卷名分别为：《创世在东方》《诗经里的世界》《春秋巨人》《列国争雄》《大风一曲振河山》《漫漫中兴路》《群英荟萃》《空前的融合》《大唐气象》《变幻中的乾坤》《文采与悲怆的交响》《金戈铁马》《集权与裂变》《落日余晖》和《枪炮轰鸣下的尊严》。

> 在《话说中国》这部书里，你将看到以故事体文本为主体的感性与理性的统一。

> 现代人对历史的感悟，最能产生共鸣、最能感到激动的文学样式是什么，是故事。是蕴涵在故事里的或欣喜或悲切或高亢或低回的场面。这些经典场面令人感慨唏嘘，荡气回肠。记住了一个故事，也就记住了一段历史。故事是一个民族深沉的集体记忆，容易走进读者的心灵世界，它使读者在随着故事里主人公的命运起伏跌宕之时，不知不觉地与中国历史文化进行了"亲密接触"，从而让历史文化的精华因子，潜移默化地影响着我们的行为，净化着我们的心灵。因此，《话说中国》以故事体的文本作为书的主体。同时，它还突破了传统历史读物注重叙述王朝兴衰的框架，以世界眼光、一流专家学者的史识来探寻中国历史的发展脉络与规律；以密集的信息，弥补故事叙述中知识点不足的局限，从而使故事的感性冲击力与历史知识的理性总结达成高度的统一。它让读者既见树木，又见森林，既享受了故事所带来的审美快感，同时又能寻绎历史的大智慧。

> 在《话说中国》这部书里，你将看到互为表里的图与文的精彩组合。

> 当今社会已进入"读图时代"，这一说法尽管片面，但也反映了读者的需求。在这套书里的图片与通常以鉴赏为主的图片有很大不同：

> 图片内容涵盖面广。这些图片能够深入再现历史现实，立体凸现每一不同历史时期社会生活各方面的发展变化。透过生动的"图片里面的故事"，可以体味其中蕴涵着的

深刻内容，堪称是历史文化的全息图像。它们与故事体文本相关联，或是文本内容的画面直观反映和延伸，或是文本内容的背景补充，图与文珠联璧合，相得益彰。同时，纵观整套书的图片又分别构成了一个个独立的专门图史，如服饰图史、医药图史、书籍图史、风俗图史、军事图史、体育图史、科技图史等等。

> 图片的表现形式极其丰富。这套书充分顾及现代读者的读图口味，借助现代化手段尽量以多种面貌出现，汇集了文物照片、历史遗址复原图、历史地图与示意图、透视图以及科学考古发掘现场照片在内的3000余幅图片。既有精炼简洁的故事，又有多元化的图像，读者得到的是图与文赋予的双重收获。

> 创造了一种新的读图方式。书中的图片形象丰富，一目了然，具有"直指人心"的震撼力，但在阅读过程中，尤其是在欣赏历史文化的图片中，这种震撼力很难使读者感悟到。原来他们是凭自己的文化底蕴和生活积累在品味和理解书中的图片。两者一旦产生矛盾，就不可能碰撞出火花。本书作为面向大众的出版物创造了一种全新的阅读环境：改造我们传统的图片的文字说明，揭示图片背后的信息，让读者在读完这些文字后，会产生一个飞跃，对第一眼所看到的图片有一种新的发现和新的认识。

> 在《话说中国》这部书里，你将看到一个充满数字化魅力的历史百科知识体系。

> 数字化给我们的社会生活带来了许多崭新的变化，作为文化产品的创新也不例外。为此，我们在这套信息密集型的中国历史百科全书里，大量运用了在电脑网络上广泛使用的关键词检索方式，以关键词揭示故事内核，由此来检索和使用我们的故事体文本与相关知识性信息。这套书的信息化、网络化、数字化，充分表现了中华民族不但自强不息的过去时，前进中的现在时，而且还有充满希望的将来时。

> 一则故事，一幅图片，一个关键词，都是某个有代表性的"点"，然而这个点不是孤立的存在，而是一个有意义的叙事单位。它是中华民族的文明亮点，折射了我们民族的文化性格。把这些亮点连接起来，就会构成一条历史之"线"，而"线"与"线"之间的经纬交织，也就绘成了历史神圣的殿堂。点、线、面三维一体，共同建构着上下五千年的民族大厦。

> 著名科学史家贝尔纳曾说："中国在许多世纪以来，一直是人类文明和科学的巨大中心之一。"我们知道，印刷是中国引以为骄傲的四大发明之一，中国出版在世界出版史中，曾留下许多脍炙人口的灿烂篇章。然而近代中国出版落后了，以至于到今天与发达国家相比，无论是在出版技艺上，还是在出版理念上，都存在着不小的差距。我们在本书的出版过程中善于学习、消化与借鉴，"洋为中用"，充分发挥"后发优势"，努力把世界同行在几十年中创造的经验，学习、运用到这套书的编辑过程中，以弥补两者之间的差距。事实证明，只要我们努力了，只要我们心中有了读者，我们一样可以后来者居上。

> 中国编辑中的一位长者曾说过这样一段话："我们没有显赫的地位，却有穿越时空的翰墨芬芳；我们没有殷实的财富，却有寄托心灵的文化殿堂。"

> 在编辑这套书的过程中，我们深深感到，中国历史文化太伟大了，无论你怎样赞美，都不为过；中国历史文化又太神奇了，无论你以何种方式播种，都会有意想不到的收获。今天，我们所撷取的，只不过是其中的一朵小花，还有更多更美的天地需要人们进一步去开拓。

现代人与历史

上海社会科学院研究员　刘修明

> 历史与现代人有什么关系？历史对现代人有什么用？这并非每一个现代人都能正确回答的问题。

> 过去的早就过去了。以往的一切早已灰飞云散，至多只留下遗迹和记载。时光不能倒流，要知道过去干什么？历史无用的混沌和蒙昧，不是个别现象。在科学技术高度发达的现代社会，人们更易对远离现实的历史轻视、淡漠。对历史无知而不以为然的人，不在少数。

> 不能简单地指责这种现象。一旦通过有效途径缩短了现代人和历史的距离，人们就会从生动形象的历史中取得理性的感悟，领悟历史的哲理，开发睿智，从而加深对现代社会文明的认识，使现代人的认识和实践达到一个新的层次。那时，人们就会有一个共识：历史和现代是承续的。历史是现代人生存和发展不可缺少的内容。历史和现代人是不可分的。

总　序

> 祖国的历史是一部生动的、博大精深的启迪心智的教科书。中国历史是独树一帜的东方文明史。承载中华文明的中国历史，在她形成发展的曲折而漫长的过程中，从未中断过（不像埃及、两河流域、印度文明或中断或转移或淹没）。她虽然历尽坎坷，备尝艰辛，却始终以昂首挺立的不屈姿态，耸立在亚洲的东方。即使从19世纪上半叶开始的对中华文明一个多世纪的强烈冲击和重重劫难，也没有使曾创造过辉煌的中华文明沉沦，反而更勃发了新的生机。中国的历史学家从孔子、左丘明、司马迁开始，持续不断地以一种不辜负民族的坚韧精神，把中华民族放在辉煌与挫折、统一与分裂、前进与倒退、战争与和平、正义与邪恶的对立统一的辩证过程中，将感悟到的一切，记录在史册上。以一笔有独特美感并凝结高超智慧的精神财富，绵延不绝地传承给一代又一代炎黄子孙，从而成就了中华民族及其创造的文明的沿续和发展。中华文明的创造和中国历史的记载是不可分的。中国历史是兼容时空又超越时空的中华文明有形和无形的载体。

> 英国哲学家培根说过："历史使人明智。"历史的经验是前人付出巨大的代价（甚至生命的代价）才总结出来的。历史经验包蕴着发人深思的哲理。要深刻地了解现实，理智地面对将来，就应当自觉地追溯历史。现代人只有了解历史，才能感受历史启迪现

实的无穷魅力。唯有从历史的经验与哲理感知杂乱纷纭的现实，才能体会历史智慧的美感和简洁感。

> 这种由历史引发的智慧、魅力和美感，对丰富一个人的生命内涵，提升人的素质，是非常重要的。我们强调人的素质，但素质的基本内涵是什么，却未必很清楚。我认为，人文素质应该是人的素质的基本内涵。一个人的人文素质是由他所属的民族几千年文化创造的基因，积淀在他的血液和灵魂中形成的。以文史哲为主体的人文教育，对人的素质提高具有特别的价值。而中国历史往往又是文史哲三位一体的糅合和载体。只重视外语、电脑教育而忽视人文教育的偏向应引起重视并加以纠正。这种素质教育应当起步于一个人的青少年时代。对祖国的热爱，民族自信心的树立，正确的人生观、价值观的确立，都离不开对祖国历史的了解。只有这样的人，才能立志报效祖国和中华民族，并以他们的不断传承和新的创造，继续为人类文明的发展作出新的贡献。在共同文化血脉上发展起来的13亿中国人和5千万在世界各地的华人，都应有这样的共识，都应承担这样的责任。

> 了解祖国的历史，可以从简明的历史教科书入手，也可以从浩瀚的史籍中深究。关键是引起读者的阅读兴趣。我们这里提供的是一本图文并茂用故事形式编写的中国历史。中国有一本几乎家喻户晓、发行量达几百万册的出版物：《故事会》。这是上海文艺出版总社的名牌刊物，在社会上有很大的影响。何承伟先生从几十年编辑的成功实践中，提出了这样一部以图文并茂的故事形式并包含巨大信息量的中国历史百科全书的设想。在众多学者的参与和合作下，成就了这样一部新体裁的中国通史《话说中国》。它生动形象、别开生面的编写方式，使包括老中青在内的现代中国人，都可以轻快地从这部书中进入中国历史宏伟的殿堂，从中启迪心智，增加知识，开拓眼界，追溯历史，面对未来。它把传统的教育和未来的展望，有机而和谐地结合在一起，引导当代中国人顺应悠久古老的中国文明融注世界发展的现代潮流，以期为世界的文明发展作出新的贡献。我们相信，凝聚了几十位学者和编者多年努力的这部书，一定会为这种贡献尽其绵薄之力，发挥其应有的作用。

目录

这是一片历史的高原，中国文明之河，由此开始奔涌澎湃，泻流浩瀚，绵延数千年。这是一个人文观念渐次觉醒的时代，先哲为谋国祉民福，提出了极为深刻的社会学说与改革方案，结果却令人扼腕叹息。

专家导言

中国先秦史学会理事长　清华大学教授　李学勤

> 周代是中国整个历史上历年最长久的一个朝代。共和元年是公元前 841 年，从这一年
> 起，周史有准确纪年可稽。东周开始于周平王元年，即公元前 770 年。整个东周时代
> 大体分为春秋和战国两大时期。所谓春秋时期，本得名于传经孔子改削的鲁史《春秋》
> 一书。为方便起见，现在学者们多借用《史记·六国年表》的起点，即周元王元年，
> 公元前 475 年，作为战国之始；虽然从考证角度来说是有不少问题的。

> 春秋时期，习惯说有五霸，究竟指哪几个诸侯，前人说法不一。这一时期最主要的诸
> 侯国，当推鲁、齐、晋、秦、楚、宋、郑、吴、越等，所谓五霸即指其间代兴的一些
> 国君。诸侯国中，居处于中原一带的华夏诸侯，与被视为蛮夷的楚、吴、越以及秦又
> 有矛盾。华夏诸侯的霸主，如齐桓公、晋文公，以匡扶王室为旗号，尽力遏制所谓蛮
> 夷之国，特别是楚国势力的发展。诸侯与诸侯之间，有时联合结盟，有时纷争颉颃，
> 更增剧了局势的复杂混乱。古人说"春秋无义战"，意即指此。由统一走向分裂，是
> 春秋时期的总趋势。

> 然而在文化史上，这一时代却是前所未有的繁花绚丽的黄金时期。春秋中期以后的中
> 国，是人们所熟知的"百家争鸣"的伟大时代，诸子百家的涌现，使思想文化的面貌
> 为之一新。学派的流传分布有其地域上的特点，如儒家起于鲁国，传布于齐、晋、卫。
> 这个时代可与西方历史上的古典希腊媲美，在科学、哲学、历史、艺术、文学等各个
> 方面都出现了杰出的人才，取得了丰硕的成果。

> 研究春秋时期，《左传》是最重要的一部著作。《左传》传为鲁国人左丘明所作，记述当时历史事件，备极详明，于史学史有很高的地位。此书传到汉代，属于古文经的范围，在两汉的经学学派争端中，受到今文的攻击，其影响及于清代汉学，酿成怀疑《左传》的风气。经过多年辩难，《左传》的可靠性已为多数学者所公认。事实说明，司马迁《史记》关于春秋史的叙述几乎均出自该书，绝不像今文学派所说系后人伪作。《左传》的注本，杨伯峻同志所著《春秋左传注》，博洽而简明，是最便于阅读的本子。

> 外国学者有时用"原史时期"（protohistory）一词，以称呼古代文献少、考古材料的重要性超过或等于文献材料的时期。很显然，春秋和更早的商和西周不同，已经脱离了这种"原史时期"而跨入真正意义的"历史时期"了。不过这一时代的文献大都古奥费解，而且由于传流久远，难免后世窜易增删，有失真之处。为了揭示历史的真象，考古材料仍有其不可缺少的重要性。春秋的考古研究，已有长时期的积累，内容异常丰富。中国传统的金石学，包括金文、石刻、古镜、古钱、陶文、玺印等各个方面，都为这一时代以及以后战国的研究准备了相当数量的材料和可继承的成果。尤其是建国以来的五十多年，有关春秋的考古发现真是数不胜数。这方面的工作，目前仍在迅速发展之中。在本卷中，我们可以看到对这些丰富多彩的考古成果的切实而完整的表达。

把中国历史的秀美景致尽收眼底
本书导读示意图

《话说中国》作为融故事体的文本阅读、精彩细腻的图片鉴赏于一体的中国历史百科全书，其中包含着无数令人神往的中国历史的秀美景致，它们经纬交织，互为表里，形成了中华民族上下五千年的灿烂文明。

如同游览名山大川离不开导游和地图的指点，通过以下图例的导读提示，读者定能够尽兴饱览祖国历史美景，流连忘返。

随时感受历史文化的魅力与编纂创意的匠心

整个版面构成充分体现出本书以故事体文本为主体的特点，体现出本书作为历史百科全书的知识信息密集、图文并重的特点，使读者在本书任何一个页面上，都能感受到历史文化的魅力与编纂创意的匠心。

导读、段落标题与编号，能更好地理解故事精髓，更好地运用故事

为了更好地理解故事，在实际学习生活中运用故事，本书在故事体文本中，特地为读者准备了故事导读、故事段落标题与故事编号等三个重要内容。故事导读是概述故事精要，它与故事段落标题，都是为了让读者更好地理解故事的精髓，同时让读者以一种轻松便捷的方式快速获得文本重要信息。

人物、典故和关键词具有很大信息量和实用性

在每一则故事中，都含有故事核心内容（即故事内核）、故事人物等基本要素。本书将此提炼出来，标注在每则故事的右上角（加上故事来源），使之具有很大的信息量和实用性。

建构多元、密集的知识性信息，构成了全书另一个重要组成部分

以密集的信息，弥补故事叙述中知识点不足的局限，从而使故事的感性冲击力与历史知识的理性总结达成高度的统一。它让读者既见树木，又见森林；既享受了故事所带来的审美快感，同时又能寻绎历史的大智慧。如"中国大事记""世界大事记""历史文化百科"和图片说明文字等专栏中的有关内容，都是经过精心选择的练达的知识板块，既是历史知识的精华，又是广泛体现"活"的历史，体现当时社会人生百态，体现当时寻常百姓的寻常生活。

再现历史现实的图片系统

图片内容涵盖面广泛，能够深入再现历史现实，观赏效果细腻独到，立体凸现了每一不同历史时期社会生活各方面的发展变化。透过生动的"图片里面的故事"，可以体味其中蕴涵着的深刻内容，堪称是历史文化的全息图像。

《话说中国》以精美绝伦的文字和图片，将中华民族最可宝贵的民族精神和生生不息的文化传统，演绎得生动而传神。看了这张导读图，你就开始一程赏心悦目的中国历史文化之旅吧。

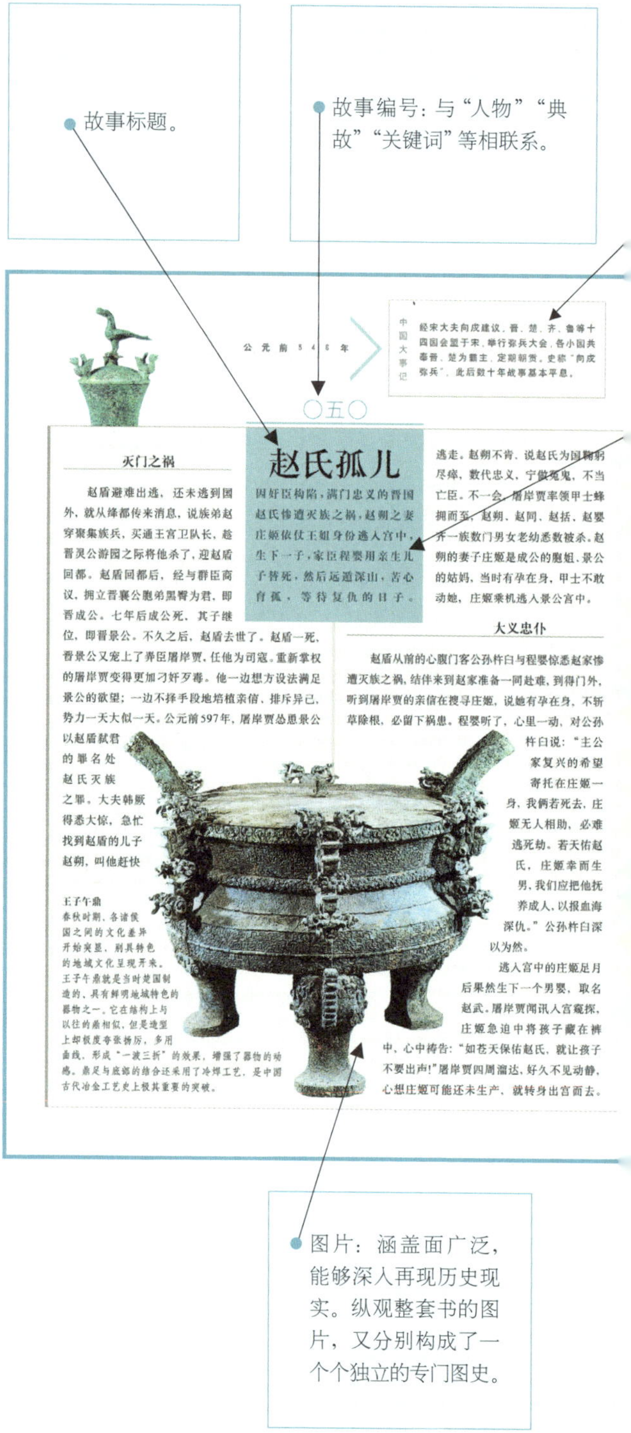

- 故事标题。

- 故事编号：与"人物""典故""关键词"等相联系。

公元前 546 年

中国大事记 · 纪宋大夫向戎建议，晋、楚、齐、鲁等十四国会盟于宋，举行弭兵大会，各小国共奉晋、楚为盟主，定期朝贡，史称"向戎弭兵"。此后数十年战事基本平息。

○五○

赵氏孤儿

灭门之祸

赵盾避难出逃，还未逃到国外，就从降都传来消息，说族弟赵穿袭杀晋灵公，买通王宫卫队头儿，趁晋灵公游园之际将他杀了，迎赵盾回都。赵盾回都后，经与群臣商议，拥立晋襄公胞弟黑臀为君，即晋成公。七年后成公死，其子继位，即晋景公。不久之后，赵盾去世了。赵盾一死，晋景公又宠上了弄臣屠岸贾，任他为司寇。重新掌权的屠岸贾变得更加刁钻歹毒。他一边想方设法满足景公的欲望；一边不择手段地培植亲信，排斥异己，势力一天大似一天。公元前597年，屠岸贾怂恿景公以知盾弑君的罪名处赵氏灭族之罪。大夫韩厥得悉大惊，急忙找到赵盾的儿子赵朔，叫他赶快

逃走，赵朔不肯，说赵氏为国殚精尽虑，数代忠义，宁做冤鬼，不当亡臣。不一会，屠岸贾率领甲士搀拥而至，赵朔、赵同、赵括、赵婴一族数门男女老幼悉数被杀。赵朔的妻子庄姬是成公的胞姐，景公的姑妈，当时有孕在身，甲士不敢动她，庄姬乘机逃入景公宫中。

王子午鼎

春秋时期，各诸侯国之间的文化渐渐开始融通。颇具特色的地域文化呈现开来。王子午鼎就是当时楚国制造的、具有鲜明地域特色的器物之一。它在结构上与以往的鼎相似，但是造型上却极度意蕴独到，多用曲线，形成"一波三折"的效果，增强了器物的动感。鼎足与底部的结合还采用了冷焊工艺，是中国古代冶金工艺史上很具重要意义的突破。

大义忠仆

赵盾从前的心腹门客公孙杵臼与程婴惊悉赵家将遭灭族之祸，结伴来到赵家准备一同赴难，到得门外，听到屠岸贾的亲信在搜寻庄姬，记起赵有孕在身，不斩草除根，必留下祸患。程婴听了，心里一动，对公孙杵臼说："主公家复兴的希望寄托在庄姬一身，我俩若死去，庄姬无人相助，必难逃灭劫。若天佑赵氏，庄姬幸而生男，我们应把他抚养成人，以报血海深仇。"公孙杵臼深以为然。

逃入宫中的庄姬见几月后果然生下一男婴，取名赵武。屠岸贾闻讯入宫搜探，庄姬急迫中将孩子藏在裤中，心中祷告："如苍天保佑赵氏，就让孩子不要出声！"屠岸贾四周溜达，好久不见动静，心想庄姬可能还未生产，就转身出宫而去。

- 图片：涵盖面广泛，能够深入再现历史现实。纵观整套书的图片，又分别构成了一个个独立的专门图史。

012

前345年

公元前770年 > > 春秋 > >公元前403年

公元前 770 年至公元前 403 年
巨人辈出的时代
春秋

上海社会科学院历史所副研究员　陈祖怀

"春秋"的基本概念及上下时限 ＞ 公元前 770 年，周平王将周朝国都从西边的镐京迁到了东边的雒邑。后人依方位划分，将周朝在镐京时的统治称为"西周"，将迁都雒邑后的统治称为"东周"。公元前 256 年，东周最后一任"天子"周赧王去世，周朝结束。为方便起见，学术界将公元前 221 年秦统一前这段时间也划归东周。＞历史上的东周又分为春秋、战国前后两个时期。"春秋"之称源出鲁国编年体史书《春秋》。春秋上限为公元前 770 年，其下限，学术界有不同说法，最常见的有两种：1．承袭司马迁在《史记》中提出的周元王元年（公元前 475 年）一说；2．沿用司马光《资治通鉴》中提出的周威烈王二十三年（公元前 403 年）的观点。前者以一周王的自然更替，作为奴隶制与封建制的社会分界，不免有些牵强；后者以周王册命韩、魏、赵为诸侯作标志，说明战国七雄局面正式形成，理由比较充分。因此，本书采用后者说法。

春秋时期的政局演变 ＞ 平王东迁后，周王室陷于十分困窘的境地。雒邑虽名义上一直是周朝的"东都"，但长年失修，残败凋零，呈现一派难以掩盖的没落颓废景象。经济上失去昔日关中王畿支持的周王室，只能依靠郑国的支持维持统治。于是，诸侯势力开始坐大。公元前 707 年，周桓王亲率周、卫、陈、蔡四国军队讨伐郑国，不料王师大败，桓王本人也被郑军弓箭所伤，又无力追究。从此，天子威信扫地，诸侯们不再定期向天子朝觐、纳贡、述职。＞王室衰微，社会秩序呼唤新形式，在此背景上，春秋五霸逐一登场。首先称霸的齐桓公在管仲襄助下，推行一系列政治、经济、军事改革，国力迅速强盛。面对异族入侵、社会动荡的局面，以"尊王攘夷"为旗号，九合诸侯，一匡天下，挟天子以令诸侯，形式上仍维持诸侯子孙"世世无相害"的周王朝传统。晋文公时，称霸开始带有明显的兼并血腥，以后愈演愈烈。秦、楚格于形势，前者主要向西发展，后者主要向南发展。为适应战争的需要，约公元前680年后，楚国率先设置县、郡政区，晋国紧紧跟上，各国相继仿效。不过，此时县、郡中的县大夫和县公，基本由卿大夫及其子弟担任，与战国时期县令全由国君任免不同。

〉大国不停争霸，使夹在中间的各小国吃尽苦头。公元前546年，宋大夫向戌倡议"弥兵"，晋楚齐宋卫等12国会盟于商邱，议定除齐、秦外，其余小国分别向晋楚朝贡，实现彼此和平。向戌弥兵是春秋时期形势发展的一个转折点，各国间的兼并暂时平息了，但诸侯国内部卿大夫势力乘机崛起，把持国政，并开始了彼此间的兼并斗争。晋国由六卿主政，发展到四卿、三卿，最后三家分晋。鲁国三桓专政，齐国田氏代姜。残杀征伐成为常态，战国时期大规模的兼并战争渐渐临近。

公元前 770 年至公元前 403 年
巨人辈出的时代
春秋

春秋时期的经济发展 〉春秋时期以大国争霸为表现形式的社会动荡，实质上是当时经济发展不平衡导致的矛盾运动。这种矛盾运动的原始动力与基本出发点，是铁器与牛耕技术的投入使用。铁农具与牛耕的结合，极大地提高了当时的农业生产力，许多以往要靠集体劳动才能完成的工作，现在一夫一妻的小农家庭就能胜任。同时，铁制农具与牛耕的使用，使更大面积的荒地开垦成为可能，为深耕及兴修水利提供了工具保障。据史书记载，当时几乎所有的诸侯国或民族都在开垦荒地，增加农业生产。〉私田开垦、物质丰富，促进手工业和商业飞速发展，社会上开始出现一个专事流通的商人阶层。春秋初期，各国承袭西周"工商食官"制度，手工业、商业大多以"国有化"形式控制在贵族统治者手中，并直接为贵族生活服务。随着私田的大量开垦，人们有了可以自由支配的剩余产品，于是交换就悄悄地、不可阻遏地发展起来。原本封闭时的拮据与开放后的暴利形成正比，在巨大利润的刺激下，商人成群结队匆匆奔走于各大城市之间，韩非用"熙熙攘攘"形容忙碌的商旅可谓生动传神。在传统的世袭贵族领主制下，血统与权力决定一切，而当时却不论出身，有钱就能与权贵们"分庭抗礼"，表明社会正在发生深刻的变化。

春秋时期社会形态的变化 〉春秋时期，以"井田制"为赋税对象的旧制度走到了历史的尽头。道理十分简单：私田越多，不纳税的田地也就越多，国家财政的流失也就越大。为了扩大税源、增加政府收入，各国诸侯先后都进行了赋税制度改革，"井田制"时代的劳役地租逐渐转化为实物地租。新型的"书社"组织开始，并成为各国统治者对农民征税与力役的管理依据。到公元前594年，鲁国实行"初税亩"，公元前538年郑国"作丘赋"，实物地租已成为各国财政收入的主流形态。这一主流形态形成的重大社会意义，是各国事实上承认了土地私人占有的合法存在。同土地私有、工商业发展共生的，是春秋时期社会阶级关系发生了深刻变化。自"私田"与商品出现后，奴隶、庶民与手工业者的流徙再也无法阻止，"国"、"野"关系渐趋消亡，以往的"庶人"或"野人"开始被统称为"国人"，开始服兵役、出兵赋。贵族领主阶层像冰雪消融般日趋衰亡，社会主流成员迅速被新兴的地主、雇农或自耕农及具有自由身份的商人、手工业者代替。昔日"刑不上大夫，礼不下庶人"的旧制不再适合新形势的要求。公元前536年郑子产"铸刑书"。23年后晋赵鞅、荀寅"铸刑鼎"。成文法律的公布成为当时社会改革的热点。

老子与孔子

原有秩序的瓦解引起连绵不断的社会动荡，加深了民众的苦难。如何重新规范社会，使天下苍生有一个安定生活的社会环境，成了当时有责任心的知识者特别关注的时代命题。在这一历史背景下，中国产生了两个伟大人物，即作为道家学派创始人的老子和作为儒家学派创始人的孔子。老子，春秋晚期楚国苦县（今河南鹿邑东）人，姓李名耳，字聃，为周王室守藏史。从孔子曾向其问礼的史载分析，老子应为孔子的同时代人而稍长。老子吸纳先人的学识与智慧，就宇宙论、本体论、人生论、政治论诸方面的本质内容，作出了极为冷峻、深刻、睿智与精辟的论述，其著作称为《道德经》。老子从大千世界的生成及生生不息的矛盾运动法则出发，强调所有行为遵循客观规律的重要性。在肯定矛盾双方自在的合理性及深刻剖析了社会与人性的本质后，提出了独特的"小国寡民"的政治设想。老子提出的"小国寡民"主张反映了高踞于国家观念之上的民本思想：削弱政府为"小国"，折射了老子对暴虐政权的否定和深刻的民本关怀；以"寡民"的设定表示了对人的生存权利及基本财产不可侵犯的观念肯定。孔子（前551—前479），春秋晚期鲁国陬邑（今山东曲阜东南）人，名丘，字仲尼。孔子对社会采取温和的改良方式，他以人为本，提出了"仁"与"礼"的学说。所谓"仁"与"礼"，就是"爱人"，就是一种普遍的民众同情，体现的是一种对弱势群体的社会关怀，以知识与道德为本位。以此为依据，孔子强调知识分子人格独立性的必要，他说："天下有道则见，无道则隐。邦有道，贫且贱焉，耻也。邦无道，富且贵焉，耻也。"从我国社会的文明史角度看，春秋时期是我国历史上第一次人文觉醒与思想解放时期。老子与孔子的学说虽都不免带有古典初始的色彩，但其内涵的深刻人性无疑具有永恒的魅力。

教育面的拓宽与"士"阶层的出现 〉春秋之前，平民没有教育，教育是贵族的特权，时称"学在官府"。春秋中期以后，新式地主、自耕农及私营工商业主的大量出现，"学在官府"的旧体制成了他们谋求进一步发展的障碍。孔子率先打破"学在官府"的旧习，提出"有教无类"（不管什么人，都可以接受教育）的口号，将教育之门向社会公众开放。孔子的开创性举措很快获得了社会的广泛响应，私人办学成为时尚。史书记载，仅孔子一人，就有弟子三千。〉大量新生的知识分子渐渐形成一个独立的社会阶层——"士"。以知识与理性为本位的士阶层的出现，是社会文明进步的根本表现。它比我们传统以为的主要根据某些生产关系的变革，具有更本质、更持久、更活跃的生命意义。

古文献整理与"五经"、"三传" 〉春秋时期文化成就的另一标志，是孔子对古文献的整理及"五经"、"三传"的形成。"五经"是指《诗》、《书》、《易》、《礼》、《春秋》五部经典。《诗》也称《诗经》，是我国最早的诗歌总集。《书》也称《书经》、《尚书》，是我国最早的一部文集。《易》也称《周易》或《易经》，是我国最早的占卜用书，事实上包含了我国先民对大千世界本质及其一般规律的认识。《礼》包括《仪礼》、《周礼》和《礼记》，是周代礼仪制度的汇编，它们都是儒家编辑的著作。《春秋》是我国最早的一部编年体历史著作。因《春秋》一书十分简约，为利于阅读，后来左丘明、公羊高、谷梁赤分别就孔子编定的《春秋》加以不同的注释，从而形成了"三传"：《春秋左传》、《春秋公羊传》、《春秋谷梁传》。它们除了在史料上作了巨大补充外，儒家的世界观、历史观、伦理观、价值观等思想也在注释中作了积极阐扬。

本书部分篇章由其他学者撰写：其中正文故事第 1、9、10、30、32、37、51 篇由王仁巍撰写，第 5、17、52、53、54、62、71 篇由莫波功撰写，第 76、77、78、91、92、93、100、101、102、103、104 篇由杨善群撰写。前言中加此说明，后面故事的其他署名统统删除，这样既使本书顺畅清洁，又不失多位学者的撰著补写之功，此乃新版更改的一大进步。

琴瑟上反映了楚人重巫习俗（局部）

公 元 前 7 7 0 年 公 元 前 4 0 3 年

春秋形势图

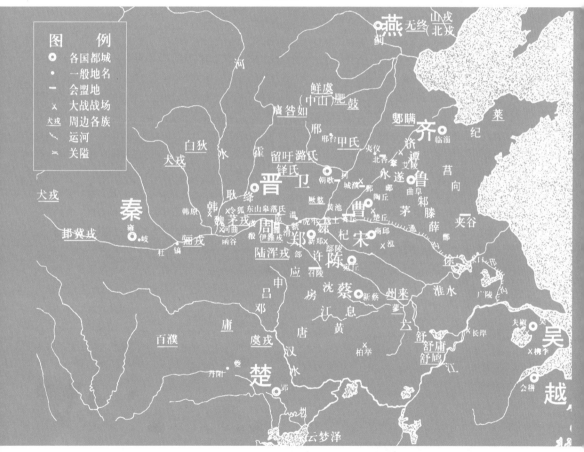

春秋世系表

1 周平王 → 2 周桓王 → 3 周庄王 → 4 周釐王 → 5 周惠王 → 6 周襄王 → 7 周顷王 → 8 周匡王 → 9 周定王 → 10 周简王 → 11 周灵王 → 12 周景王 → 13 周悼王 → 14 周敬王 → 15 周元王 → 16 周贞定王 → 17 周哀王 → 18 周思王 → 19 周考王 → 20 周威烈王

曲沃篡晋

晋昭侯封叔父成师于曲沃，想不到曲沃的力量不断壮大，竟大逆不道，篡夺了晋国的政权。

春秋时代，社会秩序混乱，各国互相兼并，国内臣弑其君的事也经常发生。居于今山西中南部的晋国，一开始就发生了旁系的封君攻杀国君、篡夺政权的事。这事的原委还得从西周末年的晋穆侯说起。

乐官师服的预言

晋穆侯娶齐国的姜氏为妻，生了儿子，因当时正与戎狄作战，穆侯给他取名"仇"，立为太子；过了几年，又生了第二个儿子，因伐戎狄取得胜利，就给他取名"成师"。晋国的乐官师服知道后觉得奇怪，就像拆字先生一样为晋穆侯的两个儿子分析起他们的未来，说："国君为自己的儿子所起的名字，就象征着他们未来所得的'物'，也就是他们各自的结果。'仇'是怨仇；'成师'是一个了不起的名字，意味着成就大业。太子与少子的名字如此反逆，今后的晋国能不乱吗？"师服之所以作这样一番预言，主要的依据当然是他看到了晋国统治集团内部的矛盾。

晋穆侯在位二十七年，去世后，其弟殇叔就自立为君，太子仇出奔他乡。过了几年，太子仇带领同他一起出奔的人众袭杀殇叔，当上

美观实用的陶容器
这件春秋时期的陶容器，小口，低颈，深腹，圆鼓。体表由菱纹、方格纹组成。是一件美观实用的器皿。广西壮族自治区博物馆藏。

了晋国的国君，就是晋文侯。文侯在位三十五年，其间发生了周平王东迁的大事。文侯当政的时间不算短，可是他并不能消弭君位旁落的潜在危机。

封君扩张势力而攻杀国君

晋文侯去世，子昭侯伯继位。大概晋昭侯为了利用叔父成师的力量同殇叔一系的力量抗衡，就分封成师于曲沃，称为曲沃桓叔。曲沃的邑地大于晋国都城翼。晋昭侯万万没有想到这是"前门驱虎，后门引狼"的败着。因为曲沃桓叔不但没有帮助昭侯，而且借此机会施尽各种手段笼络晋国的旧贵族，拉拢民心，扩张自己的势力。

晋昭侯七年（前739年），大臣潘父弑其君昭侯而迎立曲沃桓叔。可是遭到其他贵族的抵抗，他们杀死叛乱的祸首潘父，拥立昭侯之子平为君，即晋孝侯。

年逾古稀的曲沃桓叔病死，其子鳝继位为曲沃庄伯。他变本加厉地争夺晋国的君位，先弑晋孝侯，想当国君，遭到晋国贵族的抵制。晋国拥立孝侯之子郄为君，即晋鄂侯。鄂侯在位仅六年，曲沃庄伯又乘晋有国殇之机发兵攻晋。作为天子的周平王派兵讨伐曲沃，并帮助晋国立鄂侯之子光，即晋哀侯。庄伯没有实现

公元前757年 ▷

世界大事记

斯巴达监察官纪年从此年开始。

文侯仇　成师　武公称

狄诈　残忍

《史记·晋世家》

人物　关键词　故事来源

春秋战国时期男子服饰

自己的国君梦，在忧病中死去，其子称继立，为曲沃武公。

此时的曲沃已经过桓叔和庄伯两代人的苦心经营，实力已经壮大。曲沃武公又经过数年的努力，终

〔古人对祖先的供奉与祭祀〕

古人将祖先看得极重，民间有"宗祠"，天子有"祖庙"（也称"太庙"、"宗庙"）。统治者将自己的宗庙与社稷并列，视作国家的根本，有"建国之神位，右社稷，左宗庙"的礼制规定。庙的多少，以等级递降，所谓天子七庙，太祖之庙加三昭（父）三穆（子），共为七；诸侯五庙，太祖之庙加二昭二穆；大夫三庙，太祖之庙加一昭一穆；士一庙，庶人无庙，只在家中祭祀父亲。祭祀的祭品也有等级规定：天子用"会"（相当于三个"太牢"）；诸侯用"太牢"（牛、羊、猪各一种一个太牢）；卿用牛，称"特牛"；大夫羊、猪并用，称"少牢"；士用猪，庶人用鱼。祭祀规格依时间间隔的不等分为大祭、中祭与小祭。大祭每五年一次，称"禘祭"；中祭每三年一次，称"祫祭"；小祭依季进行，春祭名祠，夏祭称礿（或禴），秋祭叫尝，冬祭为烝。上述皆为正祭，此外还有一些"荐新"性质的零星祭，如瓜果成熟、新粮上市等，让祖先尝个新鲜。

于忍耐不住，发兵攻打晋国，俘获了晋哀侯，继而派人把他杀死。晋国贵族只能拥立哀侯之子年幼的小子为君，称为"小子侯"。仅过四年，武公设计诱杀小子侯。正当晋国嫡系缺乏继承人时，刚继位为天子的周桓王再次派兵干预，确立晋哀侯的弟弟缗为晋侯。

篡夺者的最终胜利

周天子的干预使得曲沃武公有所收敛，在相安了二十余年后，曲沃武公再次率军攻打晋国，并攻进晋国的都城翼。这一次他真的大获全胜，不仅消灭了晋侯缗所有的势力，而且全部获得晋国的宝器，并把它们献给了天子周釐王。上台不久的周釐王也只得承认这一既成的事实，派大臣册命曲沃武公为晋君，并确认晋国拥有一个"军"的军队。武公有恃无恐，不仅尽并晋国的土地而有之，且更号为"晋公"。这一结果似乎正是师服预言的实现。

根据《周礼》的规定：天子可以拥有六军；大诸侯国三军；中诸侯国二军；小诸侯国一军。晋武公虽然仍列为小的诸侯国，但其子献公扩展为二军，其孙文公扩展为三军，于是就称霸中原。曲沃武公吞并晋国，两股势力合二为一，晋国开始强大，为晋文公成为霸主打下了基础。

精心制作的虎形尊

虎形尊在陕西宝鸡斗鸡台出土。作品在总体写实、比例结构准确的基础上，注重轮廓和局部线条的规整化处理，并结合躯体结构装点以不同纹饰，从头至尾，形成一条单纯的波状线，增加了活泼、流动的韵味。

春秋初年，在郑国发生了一件由于母亲的策划而兄弟争位、互相攻伐的事。这个故事很具有戏剧性，表现了各种人物的特点，给人以深刻的教训。

长子继位，母亲大人不满

郑武公夫人武姜生了两个儿子，大的叫"寤生"，小的叫"段"。寤生出生时难产，

郑庄公伐弟

郑武公夫人感情用事，想让小儿子段继承王位，阴谋策划，包藏祸心。兄长郑庄公机智果断，击败狂悖的弟弟，使郑国免除了一场内乱的灾难。

差点要了武姜的命，所以取这个名字，每回叫他，武姜就生气。而段不仅顺产，又从小健康活泼、聪明伶俐，因此受到武姜的格外宠爱。

公元前 744 年，郑武公病重，临终之际，武姜几次进言要立段为世子，武公没答应。不久，武公去世。按照嫡长继位的制度，寤生被立为郑国国君，即郑庄公。

逼封京城，埋下危机

武姜见段一无所有，就要新继位的郑庄公将制封给段。制即今河南荥阳市汜水乡，当时也称虎牢关。庄公对武姜说："制是父王灭虢后设置的军事重镇，地势险要，制度规定不能作为封地，请母亲在其他城邑中任选一个吧。"于是，武姜选择了京城，在今荥阳市东南。这样，段便封于京城，人称"京城太叔"。

郑大夫祭（zhài）仲得到这个消息，第二天上朝时就出班上奏说："京城规模大于国都，按祖制规定，封给庶民的领地，大的不能超过国都三分之一，中的不能超过五分之一，小的不能超过九分之一。现在主公将京城封给段，今后万一形成尾大不掉之势，将直接威胁国家的安全，请主公三思！"郑庄公无奈地叹了口气说："这是武姜要这样做，我有什么办法呢？"祭仲道："武姜及太叔贪得无厌，不如及早处置他们。"庄公道："多行不义必自毙，君且等着瞧！"

勾结武姜，阴谋篡位

太叔段没能继承君位，终日闷闷不乐，武姜便设下一计，她密嘱让太叔段先到京城就封，然后伺机夺取君位，自己则在宫中作内应。太叔段来到京城后，马上征调民夫，加固城墙，日夜操练甲兵，同时

净手的器皿：铜匜

这件铜匜1972年出土于河南罗山高店。匜是与盘配合使用的铜器，主要在宴会或祭祀前做净手之用。此铜匜器形略呈椭圆形，一侧有流，另一器口与下腹之间附有兽头状鋬。

前754年　公元前754年

世界大事记　罗马城开始建造。

郑武公　郑庄公　武姜

多行不义必自毙

权术　韬晦　阴谋

《左传·隐公元年》
《史记·郑世家》

人物　典故　关键词　故事来源

下令西鄙、北鄙两邑属于自己管辖，又出兵侵占了鄢、廪延等城邑。

太叔段扩疆掠地的举动，引起大臣们的纷纷议论。大夫公子吕对郑庄公说："主公如果打算让位于段，就请允许我们去辅佐他，如不打算让位，就请发兵除掉他，以安朝野人心。"郑庄公答道："大家少安毋躁，他将自及于祸。"

时机成熟，突然出击

这样，双方对峙了二十二年。公元前722年太叔段已经36岁，没有耐心再等了，他自恃兵精粮足、城厚壕深，决定偷袭新郑，夺取君位。行动之前，他先派心腹送密信给武姜，要她届时打开宫门接应。郑庄公闻讯此事，知道时机已经成熟，便说："可以行动了。"乃令公子吕率兵车二百乘进攻京城，京城的百姓叛变太叔段。太叔段就出逃至鄢，郑庄公的追兵紧追不放。太叔段无处立足，只得逃出郑国，至共国（今河南辉县市）暂避。后流浪四方，穷愁潦倒。

郑庄公班师回朝时，想起二十多年来窥视在侧的母夫人武姜，祸根实在由她而起，越想越恼，不愿再见到她，就让人先一步回到都城，将武姜押送到城颍，即今河南临颍县西北，并立誓说："不及黄泉，无相见也！"意思是不到死，再不相见。郑庄公从小受到母亲的冷遇，养成了他刚强果断的性格。这次他攻伐封于京城的胞弟太叔段，消除了分裂叛乱势力，使郑国集权统一，成为春秋初期的强国。

繁丽精美的铜方壶
山西省侯马市出土了春秋时晋地的文物，一青铜盛酒或盛水器。器本身采用了雕刻镂空纹饰，器的上中下三部分分别镶有多条雕刻精细的龙形装饰，整体显得繁丽精美。

东周王室的银制洗手洁具：银匜

公元前754—前509年

前754年
前509年

世界大事记 罗马王政时代。

郑庄公 武姜 掘地见母 纳谏 善行 《左传·隐公元年》《史记·郑世家》

人物 典故 关键词 故事来源

○○三

在人的情感中，最难割舍的是母子的亲情。郑庄公虽然因母亲武姜包庇弟弟、制造分裂、差一点被弟弟夺权而恨透了母亲，但母亲的养育之恩总是不能忘怀的。请看春秋时期郑庄公掘地见母的动人故事。

掘地见母

天良战胜了仇怨，郑庄公决定到地府黄泉去接回生母。

落落寡合，郑庄公想起母亲

郑庄公得胜回到新郑，兴奋了一阵子后，渐渐地感到了宫中难耐的孤寂与凄凉：父亲死了，母亲走了，弟弟逃了。原先父君未听母亲谗言，执意立自己为世子，正是看重自己的厚道，以为以后会善待家人、国人。想不到如今逃的逃、走的走，伴随在身边的大臣、宫女们也常以一种闪烁、躲避的神情对待他，没有一个推心置腹之人，成了一个实实在在的孤家寡人。如此冬去春来，日复一日，想想母亲风烛残年，别居冷宫，后悔之意与日俱增。

假借尝食，颍考叔阐说孝道

当时，镇守郑国边境颍谷，即今河南省登封市西南的将军，名颍考叔，素以孝敬父母、善待朋友闻名，听说郑庄公逐母别居，很感不安，心想，一国之君当为民表率，国君没有德行，怎能安抚百姓、振兴家邦呢？他决定借述职为名，前去劝谏郑庄公。颍考叔带了些礼物献给庄公，庄公也按礼仪向颍考叔赐食。颍考叔进食时将肉取出，细心包好藏入怀中，然后才慢慢品尝余下的羹汁。庄公问他为何这样？考叔说："臣自幼家境贫寒，靠母亲辛苦织洗为生。今蒙主公赐佳肴，臣念

东周王室的银制洗手洁具：银匜（左页图）
河南洛阳出土东周时的洗手洁具（古称匜），为纯银制造，底部针刻"甘㪍（同游）"二字，疑是做器者之名。这是现在发现的中国最早的一件银制器皿，很可能是东周王室用器。

及老母，不忍下咽，故取出待回家供母亲品尝。"郑庄公听罢，更加触动心事，不禁泪流满面，说："你有母亲孝敬，我却无法恪行孝道。"颍考叔假装不知，故意问其原由。

掘地见母
郑武公夫人武姜先后生下两个儿子，长子寤生和次子段，因寤生是难产出世的，得不到母亲的喜爱，武姜甚至想让段取代寤生的太子地位。寤生继位后，把段封在大邑京。段到任后，号称京城太叔，并秣马厉兵，准备与母亲里应外合，夺取君权。公元前722年，正当段密谋行动之际，郑庄公先发制人，击败了段，并将武姜送颍地看管起来，发誓说："不及黄泉，无相见也！"颍谷封人颍考叔以孝顺母亲之举打动了郑庄公，又为郑庄公出主意，掘地见泉，建一隧道，先迎武姜入内，然后，郑庄公在隧道中与母亲武姜相见。这样一来，郑庄公既见了母亲武姜，接回奉养，又未违反黄泉之誓，母子重新和好。此图出自清末石印本《东周列国志》。

郑庄公掘隧见母

考叔献计，"黄泉"中母子相见

郑庄公沉思片刻，将过去发誓"不及黄泉，无相见也"，如今悔之不及的事如实相告。颍考叔说："如今太叔段不知去向，死活不明。老夫人只剩下主公一个儿子，怎能忍心再让她独居别宫呢? 臣有一计，既可不违誓言，又能圆主公孝思之念。"庄公急问有何妙计，颍考叔笑着说："这事不难。颍地有座山，泉水呈黄色，可派

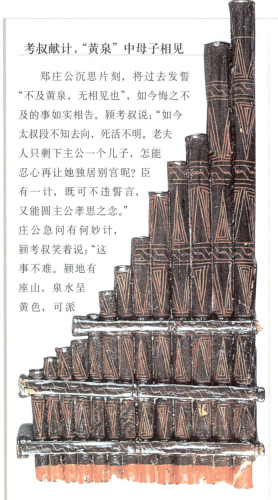

形如凤翼、声似凤鸣的乐器：排箫

把十三根长度依次递减的竹管，用竹夹缠缚制成。在黑漆地上以朱漆绘制三角雷纹和条纹图案。排箫是春秋时期的重要乐器，人们形容它外形犹如凤鸟的羽翼，声音犹如凤鸟的鸣啾。传说孔子欣赏了用箫演奏的韶乐后，久久不能忘怀，至于三月不知肉味。

人测一暗泉，掘地建立隧道。你们母子二人在隧道中相见，谁人会说不对呢?"庄公听了大喜，立即命颍考叔依计办理。

不久，隧道建成，上书"黄泉"二字。郑庄公急匆匆赶往隧道，母子相见，抱在一起。郑庄公当即赋诗道："大隧之中，其乐融融。"郑庄公携母而出隧道，武姜也情不自禁，赋诗附和道："大隧之外，其乐泄泄。"母子遂和好融洽，消除了隔阂。

时人评论说："颍考叔，真是个孝子，爱其母，而施及庄公。孝子多了，我们的族类将繁荣发展啊!"

春秋时期实行贵族世袭制，史称"世卿执政"，卿大夫会议为事实上的最高权力机构。贵族分卿、大夫、士三等，每等又分上、中、下三级。周王室的卿等同诸侯，王室大夫等同诸侯国之卿，侯国卿以上贵族由周天子册命，侯国大夫以下由诸侯任命。卿大夫会议的首长称执政卿或上卿，其副手称右卿、左卿，其余各卿分任各下设政务官，各国称谓有所不同，详见下表：

春秋官制						
	官　称					
周王室	太宰	太宗	司徒	司马	司寇	司空
各诸侯国 鲁	太宰	宗伯	司徒	司马	司寇	司空
宋	太宰	宗	司徒	大司马	大司寇	司城
齐	太宰				司寇	
楚	太宰		司徒	大司马	司败	
吴	太宰			司马		
郑	冢宰	宗人	司徒	司马	司寇	司空
晋		宗	司徒	司马	司寇	大司空
陈				司马	司败	司空
蔡				司马		
卫			司徒		司寇	

前750年　公元前750年

世界大事记

希腊移民在黑海南岸建立特拉布松城邦，标志着向地中海、黑海大殖民运动的开始。

〇〇四

石碏　卫桓公　大义灭亲　正直　邪恶　《左传·隐公三年》《史记·卫康叔世家》

人物　典故　关键词　故事来源

大义灭亲

卫大夫石碏不徇私情，为振朝纲，处死了亲生儿子。

故事发生在春秋初期的卫国。卫庄公先娶齐国公主庄姜为夫人。庄姜美貌，但没有生育，所以庄公又娶陈国女子厉妫为妃，不久便生下一子，取名"晋"。厉妫的妹妹戴妫陪嫁庄公，也早生一子，取名"完"。不幸姐妹俩生了儿子后相继去世。庄公便将长子完交由庄姜抚养，自己又宠幸上一个年轻的宫女，生下一子，取名"州吁"。

恃宠骄横，幼子自小跋扈

三个儿子渐渐长大。与两位老实本分的哥哥不同，州吁自小性格暴戾，喜欢骑马射箭，舞刀弄棒。庄公对他十分溺爱，他更恃宠骄横，为所欲为。大夫石碏劝庄公说："臣听说爱护子孙的最好方法，是教育他懂得道义和行事做人的规范，太过宠爱，就会骄横，骄横必生祸患，请主公三思！"卫庄公听了不以

番君家里的炊煮用具：铜鬲

鬲是古代的炊煮用具，外形一般为侈口（口沿外倾），有三个中空的足。商代至春秋均流行铜鬲，但形制有所变化。西周后期至春秋的鬲大多无耳，番君鬲即是如此。口沿有十七字铭文，记番君自作此器，祈望万年无疆，子孙永用。

为然，对石碏的劝告一笑置之。

石碏的儿子石厚偏偏是州吁的铁哥们，整天在一起飞鹰走狗，惊扰百姓。一天，他们又闯了祸，石碏将石厚鞭笞五十，反锁在家。石厚仗着有三公子撑腰，竟翻墙而出，干脆住到州吁家去了。

阴结死党，州吁杀兄篡位

过了五年，庄公去世，太子完继立，即卫桓公，石碏也告老退休。桓公对弟州吁的骄奢淫逸十分生气，常加呵斥，州吁一怒之下竟亡奔国外。桓公十六年（前719年），天子周平王去世，周桓王继位登基。卫桓公要去洛邑参加吊唁仪式与登基典礼。州吁感到机会来了。经过一番策划，由石厚率领几百名敢死队员埋伏城外，待卫桓公一行刚出城门，州吁收聚的一批卫国的亡命之徒即蜂拥而上，发动突然袭击，将卫桓公杀死。州吁由此夺得君位。公子晋闻讯连夜逃奔邢国。

暗藏机锋，暴君落入圈套

州吁品行不端，又弑兄夺位，无法得到大臣拥戴。为了慑服人心，他答应逃亡在外的郑庄公弟段的请求，发起卫、宋、陈、蔡联盟，发动讨郑战争，但人心依然不服。万不得已，只能让石厚去向父亲石碏请教。石碏回答说："人心不服，原因很多，但诸侯的名位正当与否，天子的册命是根本。州吁如能获得周王封赐，问题自然解决了。"

听了石厚的回报，州吁犯难了：天子原来册封的是卫桓公，自己弑兄夺位，如何向天子去说？石碏又提示说："陈侯颇受天子信任，一向朝聘不缺，关系亲密。州吁如能亲自去陈国央求陈侯代向周天子通报，或许能解决册封问题。"州吁闻言大喜，马上张罗玉帛礼品，准备择日亲自拜访陈国。石碏知道后，抢先

修血书一封，派心腹连夜送往陈国。

卫桓公完与公子晋都是陈国女子所生，陈侯自然亲近完、晋，厌恶州吁，接到石碏的血书，正合心意，马上暗暗作好准备。这天，州吁和石厚来到陈国，陈侯令太庙相见。州吁、石厚上得殿来，只听一声令下，两厢甲士涌出，将州吁、石厚二人一举擒获。陈侯取出石碏血书当殿宣读，将二人分别拘押起来。

维护纲纪，老臣处死儿子

石碏接到陈侯送来的信，马上分头通知各位大夫朝中相见。卫国百官听说老大夫相招，纷纷前来，开启陈侯书信一看，方知州吁、石厚已被拘禁于陈国，只等卫国大臣公议如何处决。暴君被除，百官自然高兴异常，一致认为州吁弑君夺位，罪在不赦；石厚仅是从犯，老大夫石碏定国有功，功过相抵，可免一死。石碏却说："身为大臣者，自当以公正无私为先，石厚不死，如何警策后世乱臣贼子？老夫自当亲自处理，以无愧皇天后土、列祖列宗。"于是大伙公推右宰丑前往陈国诛杀州吁，石碏另派家臣杀了石厚。卫人又去邢国迎回公子晋，立为卫君，即宣公。

亲义碏卫
灭大石

大义灭亲

卫桓公异母弟州吁发动突然袭击，杀死卫桓公，登上君位。篡位上台的州吁一贯骄横跋扈，又不断对外用兵，引起贵族们极大反感。州吁就让他的同党石厚向他父亲石碏讨个计策。石碏一向反感州吁，建议州吁先去见陈侯，让陈侯代为疏通周王接见州吁，以使其地位合法。当州吁和石厚到达陈国后，石碏又派人把州吁篡权的实情告诉了陈侯，卫桓公之母正是陈国女子，于是，陈侯将州吁和石厚拘押起来听候卫国处理。卫国人杀死州吁，石碏不徇私情，为振朝纲，处死了亲生儿子石厚。左丘明修传称石碏"为大义而灭亲，其纯臣也"。此图出自清末石印本《东周列国志》。

卫国老臣石碏，不能容忍儿子石厚参与州吁弑君夺位的罪行，派家臣赴陈国将其处死，真正实践了"大义灭亲"的壮举。他将名垂千古，为人们所敬仰！

公元前744—前727年

世界大事记

亚述国王提格拉·帕拉萨三世在位。

《史记·宋微子世家》
《左传·桓公元年》

华督　孔父嘉

恶行　残忍

人物　关键词　故事来源

○○五

宋华督肆虐

华督杀人夺妻，又弑己君，大逆不道。

春秋初期，宋国有个风流贵族华督，他杀人夺妻，又弑其君，作恶横行，然而依靠着他诡计多端的策略和八面玲珑的手段，竟然不受惩罚，反而升了官，这在当时是一种奇特的现象。

外患内忧

当时宋国君殇公与夷是穆公的侄子，穆公的王位

谋色害命

宋宣公临死不立儿子与夷，而让弟弟和继位，是为宋穆公。当宋穆公病重时，又让与夷继位，是为宋殇公。宋殇公坐上君位，年年打仗，百姓怨声载道。宋国大司马孔父嘉的妻子由于美貌，被大夫华督看中。于是华督造舆论说，正是由于孔父嘉，宋国才屡屡用兵，又动手杀死孔父嘉，抢走了孔父嘉的妻子。宋殇公大怒，华督担心自己的命运，索性杀了宋殇公，迎回在郑国避难的穆公之子公子冯，拥立为新君。此图出自清末石印本《东周列国志》。

是他的哥哥宣公让给他的，所以穆公病逝前将君位还给宣公的儿子与夷，而让自己的儿子公子冯到郑国去居住。与夷当上国君后，郑国想将公子冯送回宋国。郑国的目的很明确，想拥立公子冯当宋国的国君，与夷当然不同意。因此两国结了怨，并互相攻伐。郑国联合齐国、鲁国共同讨伐宋国，宋国也联合卫国、蔡国共同反击郑国。但由于蔡和宋、卫有矛盾，不能统一行动，交战就极其不利，导致宋国军队节节败退。正在宋国对外战争不断失败的时候，它的国内又发生了祸乱。

见美色起杀心

宋国大司马孔父嘉的妻子，既年轻又美丽。有一次在路上与华督相遇。华督是宋国的太宰，手中握有

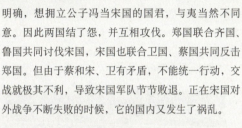

玉剑首

在礼制森严的西周时代，玉器是为礼制服务的一个重要载体，玉被神化和人格化。在社会生活中，玉常常是等级和身份的标志，也是社会地位和道德的象征。春秋时代的玉器见之于墓葬的极多，出土玉器数量大，种类多，制作精美。春秋时代的玉器种类，主要有：璧、琮、璜、管、珠、珮、瑗、环、玦、璋、带钩、匕等等，多数为礼器，少部分为生活用具。孔子对玉曾有过深刻的阐述，见《礼记·聘义》。图为春秋晚期玉剑首。

很大的权势。他虽然家里妻妾成群，可仍然不满足。华督当场为孔父嘉妻子的美貌所倾倒，目光直愣愣盯住她不放，直到看不见她。

华督通过询问身边的侍卫，得知所看到年轻貌美的女子实为孔父嘉之妻。孔父嘉是朝廷的重臣，身居大司马的职位，又是殇公所宠信的人，是不可随便欺侮的。华督内心十分矛盾，但深陷于美色而不能自拔，欲得之而后快。

华督和身边的谋士们经过一番策划后，终于想出

了一个抢夺孔妻的阴谋。殇公是个好战分子，经常因一点小事和别国开战。在位仅仅十年，便发生了十一场战争。频繁的战乱，使得民众负担日重，痛苦不堪。由于孔父嘉是大司马，执掌军权，战争往往是由

琴瑟装饰反映楚人重巫习俗

瑟是我国最古老的弦乐器，主要流行于楚国各地。出土的瑟上往往都有精美的装饰。这段残片位于瑟首，表现一位巫师持蛇作法的场景。巫师头顶鸟形冠，双手各抓一蛇大声咆哮，左右各有一个女子仓惶奔逃。巫师的形象在楚国文物中多见，反映了楚人重巫信鬼的习俗。

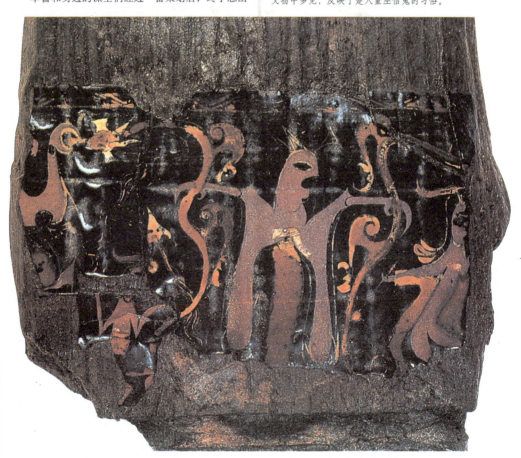

春秋晚期玉剑格

他去进行的。华督认为只要使民众怨恨孔父嘉，把他当作发动战争的罪魁祸首，导致贫困痛苦的根源，在这种情况下把他杀了，既不会引来杀身之祸，又可以达到抢夺孔妻的目的。于是华督派手下在国都四处诋毁孔父嘉，为他杀孔父嘉制造舆论。

时机逐步成熟，华督决定采取行动。他率领侍卫包围孔父嘉的官邸，经过激烈的搏杀，毫无防备的孔父嘉血溅当场。孔父嘉死后，华督顺利地抢到他的美妻。

恐祸弑君

宋殇公知道孔父嘉被害的事情后，大发雷霆，立即宣华督进宫，要他讲清楚为什么要刺杀孔父嘉。华督进宫后百般狡辩，列举了孔父嘉的种种不是，甚至诬说孔父嘉结党营私，打算发动政变。但殇公并没有被华督的谎言所骗倒，他始终深信孔父嘉对他忠心耿耿，他严辞指责华督身为太宰，居然如此目无朝纲，并扬言不放过华督。

华督看到殇公盛气凌人的样子，知道大祸将要临头，内心非常惶恐。在这种情况下，他必须作出抉择：假如坐以待毙，则是灭门的灾难；如果冒天下之大不韪——弑杀殇公，或许有一线生机。经过再三权衡，他毅然抽出早藏于身的凶器，刺向殇公，把他杀害了。

靠贿赂执掌朝政

华督接连害死大司马孔父嘉和国君殇公后，便到郑国迎立穆公子冯为宋国国君，这就是宋庄公。为了安定国内的局势，他用礼物和重金贿赂齐国、陈国和郑国，请求它们支持自己执掌宋国的朝政。这些国君，因为得到了华督的礼品，也就承认了他的权力。宋庄公元年，华督为相，一人独揽朝政大权。

自华督杀人夺妻又弑君事件发生后，华氏在宋国开始掌权，一共把持宋国政权两百余年。

> ### 历史文化百科

〔媵妾制：留有原始杂婚习俗的先秦婚姻制度〕

春秋时期，虽然一夫一妻制已严格确立，但在世俗生活，尤其是天子、诸侯、卿大夫等贵族的婚配上仍盛行带有明显原始杂婚色彩的制度——媵妾制。如男方为一国诸侯，娶他国女子为妻，该女子即为嫡夫人，为正妻，这可视为一夫一妻制的法的形式，但同时，女方会将该女子的娣(妹妹)与侄(兄弟之女)随嫁。此外，两个与女方同姓的国也会送女子配嫁，也各以娣、侄女相从，这些统称为"媵"。所以诸侯婚配，娶的虽是一妻，但媵的却有一群，时有"诸娣从之，祁祁如云"的说法(见《诗·大雅·韩奕》)。媵者都是庶妻。其中不论辈分的媵便是原始杂婚的习俗遗留。

妾的出现比媵晚。如果说，媵主要由贵族女子充任，那么妾主要是平民女子成分，如被俘掠的女子、罪犯的妻女、私奔而未经明媒正娶的及家贫而出卖的妻女等。所以妾的地位，起先等同于奴婢，俗称贱妾。但随着社会的发展，不论辈分的媵渐渐消亡，妾的地位也渐渐提高，正嫡之外的庶妻与妾，逐渐都以妾称。

春秋时期沿袭周制，妻妾的多寡与男方地位挂钩。当时的等级制规定，天子一娶十二女，一为后，十一为妾；诸侯一娶九女，其中一妻八妾；卿大夫一妻二妾，士一妻一妾，庶民一妻，俗称"匹夫匹妇"。当然，实际上贵族们的妾多有超过上述规定者，连一般百姓中的有力者，也有一妾、二妾现象。

〇〇六

箭射天子

天子本有天的尊严，当郑庄公的手下将兵器箭矢加于天子身上时，人们心中的"天"坍塌了！

周天子本来作为天下的共主，其地位至高无上，神圣不可侵犯。然而在春秋初年，发生了周王与郑国的大战，郑军箭射天子，大败王军，这在当时引起强烈的震动。

盛气凌人，征讨郑国

平王东迁，西周变成东周，周天子威严赫赫的光环渐渐显得苍白。公元前720年，天上日食，平王驾崩。次年，平王之孙姬林继位为周桓王。王幼政黯，谁也不再将周天子放在眼里。

郑庄公承袭周卿士世职，以天子司徒身份职掌周朝权柄，加之他比天子大两辈，所以宫内宫外，他的话无疑一言九鼎。年少气盛的周桓王受不了郑庄公的倨傲之态，便想方设法削夺他的权力。公元前715年，先以郑庄公为左卿士，另封虢公忌父为右卿士，共掌朝政。后周桓王干脆剥夺了郑庄公的执政权，由虢公忌父独掌朝政。郑庄公闻信，心存怨恨，

质朴的青铜制车马具

春秋战国时期的作品，大概是受当时工艺的影响，车马具采用流行单调的波浪状或鳞状造型，以钝重的器形装饰车或马上。该作品外形以波浪状花纹为主，单调、重复且钝重、朴实。

不再对周桓王行朝拜礼。当时，接受诸侯朝拜已是周王朝维持面子的最后一点礼仪，近在咫尺而又同宗同姓的郑庄公都不遵此礼，天子还有何尊严可言？周桓王怒不可遏，于公元前707年传令蔡、卫、陈、虢四国军队，讨伐郑国，并亲率大军为中军。

自卫反击，大败王军

郑庄公召集大臣问计，大臣们觉得以诸侯抗天子，未有先例，都不敢说话。郑庄公气愤地说："我祖父郑桓公为护卫西周幽王被犬戎所杀；先君郑武公又不惮辛劳，保驾周室东来，方才有了周王安居雒邑的今天。我自接任父职以来，辅佐周王三十多年，事无大小莫不劳心竭力。今王为些许小事，合四国之兵攻我，我若不敢自卫，不仅先世的功绩将付诸东流，宗社庙祭也将保不住了。"大臣们唯庄公之命是从。经过一番谋划，决定尽发郑国之兵，分三路应战。

双方军队在繻（xū）葛列阵，即今河南长葛市东北二十里处。周桓王想等庄公出阵时予以训斥，夺其锐气，再挥兵出击。不料几通鼓响，不见郑国君臣露面。数番挑战，仍是按兵不动。眼见日头偏西，周朝军队已呐喊得疲乏松懈，正在此时，忽听郑国军中鼓声大作，主力从右翼突出，直向较为薄弱的陈国军队杀去。那陈国刚经历内乱，军中人心离散，见郑军来势

前734年

公 元 前 7 3 4 年 >

世界大事记

亚述第二次西征，攻占大马士革，灭阿拉米国，其地与以色列大部置为亚述行省，地中海东岸诸国纷纷臣服。

《左传·桓公五年》《史记·周本纪》《史记·郑世家》

平庸 权术 尊严

郑庄公 周桓王

人物 关键词 故事来源

凶猛，顿时四散逃跑。郑军同时出动左翼，迂回包抄。王军两面被攻，支持不住，仓皇后撤。郑庄公下令挥动大旗，左右三路并进，向周天子中军合击。王军车倾马毙，大败而逃。郑军上将祝聃见对方阵营绣旗下盔甲鲜

箭射天子肩

公元前707年，周桓王剥夺了郑庄公卿士地位，郑庄公从此不去朝见周王。这年秋天，周桓王亲率蔡、卫、陈、虢诸侯国的军队讨伐郑国。双方在繻葛相遇交战。当时周王的军队分为三军，周桓王亲领中军，虢公林父统率右军和蔡、卫联军，周公黑肩统率左军和陈国军队。郑庄公听从子元的计策，同样以三军迎战。战斗开始，郑军首先进攻周王的左军，再集中左中右三军攻击周王的中军，周军大败，周桓王在后退时，被郑国的祝聃一箭射伤了肩膀，忍着伤痛，指挥军队逃出郑军的重围。此战之后，周王与郑庄公的君臣关系彻底决裂，周王也失去了天下共主、号令诸侯的地位，春秋大国争霸的局面从此开始了。此图出自清刊本《东周列国志》。

明之人，料是周王无疑。于是拉开强弓，窥个真切，一箭射去，正中桓王肩膀。王军顿时大乱。祝聃正想挥兵追击，郑庄公急令鸣金收兵。他对众将士解释说："点到为止，不可逼人太甚。我等起兵抵抗，只图自救，无损社稷足矣，怎敢追杀天子呢？"当夜，郑庄公派上卿祭足代表自己去周营，向周王及其左右表示慰问。

忍声吞气，威名不再

箭射天子，在周制礼法中属不赦之罪，郑庄公虽然获胜也不敢张扬。失败的周桓王呢，尽管怒火难捺，但打又打不过，传檄声讨吧，无异出自己的丑。再说，先前传檄讨伐郑国，响应者不过蔡、卫、陈等几国。可见其他诸侯早已不将自己的号令看在眼里。万一再传檄无人响应，小小的雒邑今后如何在强大的郑国包围下生存？于是，在众大臣的劝谏下，只得偃旗息鼓返回雒邑。

兵刃加于天子而不治罪，周王室的地位名存实亡了。

▶历史文化百科◀

〔诸侯拜见天子的"朝觐"制度〕

朝觐礼制的规定用意在于维系天子与诸侯的等级，加强彼此的联系，以及象征天子对诸侯的控制或诸侯对天子的归顺。诸侯朝觐天子的次数，以地域的远近决定。如王畿内的诸侯，一年朝觐四次；王畿之外五百里称之为侯服的诸侯，每年一次。以此类推，三年，四年，直至六年和一世一朝觐。

朝觐又分朝与觐两类，一般情况下春季的叫朝，秋季的叫觐。朝见天子时，诸侯须带上玉帛、兽皮及地方特产作贡品，称为"朝贡"。如诸侯不履行朝觐的义务，便被视为大不敬，天子将派兵讨伐。所以有"一不朝，则贬其爵；再不朝，则削其地；三不朝，则六师移之"的说法。然而进入春秋时代，王室衰微，诸侯称霸，朝觐之礼渐趋混乱，一般中小诸侯晋见势力强大的诸侯也开始称朝。

祭仲变节

郑国执政卿祭仲在被宋国囚禁后，没有骨气，投降变节，于是祸国殃民之事接踵而至。

一个人在死亡威胁来临的时候，是坚持正义、宁死不屈，还是投降变节、任人摆布，往往是考验人的试金石。这里要讲的是郑国大臣祭仲遭宋囚禁后，面对死亡威胁而丧失原则，使郑国受到重大损失的故事。

被任托孤大臣

郑国经郑庄公四十余年治理，成了最强大的诸侯国。尤其是大夫祭仲，处理政务，莫不明细清晰，深受庄公信任，由此被拜为上卿，统理朝纲。

这天，庄公将祭仲召入宫中，商议传位之事。庄公说："按嫡长制我百年后应传位太子忽，但太子忽性格懦弱，处事不知权变，不如幼子突机警勇悍。当今列国竞争，不进则退。以忽的才能，只怕难以维持郑国这份家业！"说罢长长地叹了口气。祭仲深知庄公宠爱幼子生母、小妾雍姞，爱屋及乌，因而生此废立之念。多年来祭仲与太子相处极好，太子对大臣的礼数也很周全，祭仲不愿太子受到伤害，便向庄公提起当年太叔段的事。郑庄公想想不无道理，如再出现兄弟相残的局面，郑国的前景岂不堪忧！因而打消了废立的念头。为防止以后发生政争，郑庄公忍痛将幼子突送往宋国外公家寄居，外公雍氏为宋国望族，深得宋庄公倚信，想必不至于吃亏。安排停当，郑庄公于公元前701年去世，太子忽继位，为郑昭公。

反手出卖郑昭公

然而，这回郑庄公和祭仲都失算了。宋庄公对郑国一向深怀敌意，现在郑庄公将幼子突寄养宋国，正合其心意。他和太宰华督密谋一番后，即假惺惺地派使臣去郑国礼聘，邀请祭仲到宋国访问，商谈国事。祭仲万万没有想到，他一到宋国，就落入圈套，被打入囚牢。

祭仲怕死误国

郑庄公在位43年是郑国最盛之时，公元前701年庄公去世后，国内发生变化，郑国开始走下坡路。当初，祭地的封人仲足很得庄公的宠信，庄公任命他为卿，他为庄公娶了邓国之女邓曼，生了太子忽。庄公死后，祭仲拥立太子忽为君，是为郑昭公。在此之前，宋国贵族雍氏女雍姞也嫁给庄公，生子名突。雍氏得到宋庄公的宠信。郑庄公去世后，宋国用计诱捕了郑国执政卿祭仲，威胁他说："不立突，将要你的命。"祭仲怕死，只好与宋人盟誓，带着突回到郑国立为国君，是为郑厉公，郑昭公不得不逃奔卫国。其后郑国一直处在一系列外患和内乱之中，国力日衰，失去小霸地位。此图出自清末石印本《东周列国志》。

公元前734—前714年

前734年
前714年

世界大事记　乌拉尔图国王鲁萨一世在位。

郑庄公　祭仲　华督公　郑厉公　狡诈　卖国

《左传·桓公十一年～十五年》《史记·宋微子世家》《史记·郑世家》

人物　关键词　故事来源

春秋时期的铁头盔
春秋时期铁头盔的出土说明当时冶铁技术已经应用于军事战争中，也从一个侧面反映了冶铁技术的发达程度。

这时已是深秋季节，北国苦寒。祭仲在牢房中饥寒交迫，又急又怕。半夜时分，华督来到牢房，对他说："我们君主对你极力主张拥立太子忽非常不满，致有今日之事。眼下有两条路供你选择：一是废掉郑公忽，另立公子突为君；一是将你斩首，趁郑国不备率兵突袭，杀郑公拥突即位。"望着浑身发抖的祭仲，华督又用缓和的语气说："立忽立突乃他们兄弟间之事，身为臣子，除了荣华富贵，还图什么呢？祭大夫只要答应我们主公要求，定让主公转告公子突，继续让你执掌郑国全权，何乐而不为呢！"祭仲想想家中的美宅娇妻，实在舍不得死，在华督的软硬兼施下，终于答应了宋庄公的要求。

落难的突忽然听说宋庄公将助他登上郑国君位，不由对着宋庄公捣蒜般地叩头不止，宋庄公脸色一变，对突说："且慢叩头，我助你登上郑国君位，你必须答应我三个条件：一是割让与宋接壤的三座城邑；二是答谢黄金万镒、白璧百双；三是每年进献宋禾谷三万钟。"突谋取王位心切，对宋庄公勒索的分量不加细想，一一答应。

宋庄公贪得无厌

宋庄公于是安排突与祭仲相见，由华督监督，歃血为盟，议定：祭仲助突登位；突以祭仲为正卿，统揽政务；突登基完毕即实施对宋的承诺。一切就绪后，公子突、祭仲悄悄回到郑国，突暂藏祭仲府中。

祭仲回国后称病不朝。百官到他府中探视，祭府中甲兵突出，团团围困，百官无奈，只得投降，拥立公子突为国君，即郑厉公。郑昭公闻讯逃往卫国。宋庄公得悉突已登位，马上要求割城交金。君位到手的郑厉公，此时感到兑现诺言无异于自毁郑国，和祭仲商议后，就拼凑了黄金千镒、白璧百双充数，不提割城之事。宋庄公岂肯罢休，竟亲率大军，一举攻入新郑城内，直逼郑国太庙，下令军士拆了郑太庙屋顶上的椽子，运回架在宋国城门上。

郑厉公得报，在朝廷上号啕大哭，群臣无不陪着落泪。祭仲更是如雷轰顶，目瞪口呆，自己的贪生怕死，不仅葬送了郑昭公的君位，同时又使郑国蒙难，自己怎么对得住郑庄公的在天之灵啊！

> **历史文化百科**

〔以大为名的官：大田、大行、大史、大阍〕
四者皆是官名。大田是朝廷中职掌农事的官，春秋时齐、秦等国设置。大行，又名行人，职掌礼宾与出使交往之事。大史也称太史，总揽文诰、册命、图籍和记载史事等事务。大阍为守卫城门之官。

〇〇八

翁婿恶斗

祭仲与雍纠，原是一对翁婿，由于官场上利益的驱使，竟然各施阴谋，互相残杀。

丈人与女婿，没有血缘关系，他们可以成为好朋友，也可因各种利害关系而发生冲突。春秋时期的郑卿祭仲与大夫雍纠这一对翁婿，因在官场上争权夺利而发生恶斗，互相残杀，是翁婿关系的一个特例，引人深思。

郑厉公不甘当傀儡，杀机萌动

郑卿祭仲专权，朝政事无巨细，全由他说了算。郑厉公因此暗暗恼恨，一心想杀了祭仲。

这天散朝后，郑厉公独自一人来到后花园，默默徘徊，郁郁不乐。大夫雍纠看在眼里，见左右无人，就试探着对厉公说："主公处处受人掣肘，为臣心中十分不安，臣听说君臣如父子，子不能为父分忧，是为不孝；臣不能为君排难，即为不忠。如主公不以纠为外人，有所任命，臣一定百死不辞。"厉公听了这番话，心中不觉一动，但又不放心，假意说："贤弟是祭卿爱婿，我怎敢开口？"雍纠一听厉公以贤弟相称，自然会意，马上接口说："女婿是实，爱则未必。祭仲对我百般提防，貌合神离，主公有话尽管直说。"厉公听他如此说，放下心来，就对雍纠说："贤弟如能设法除去祭仲，我定拜贤弟为执政卿，另以美女相赠。但不知贤弟有何妙计？"雍纠说："东郊被宋国兵马破坏，百姓住屋尚未修复，主公可借口令祭仲出郊安民，臣于东门外设席相送，乘间以鸩酒毒死他。"厉公沉思片刻，说："好！千万要小心从事，不可露出马脚。"

女婿争权心切，决定谋杀岳父

雍纠回家，与妻亲热时难掩其别扭，祭氏不禁起了疑心，问道："今天上朝回来这么晚可有何事？"雍纠支支吾吾说："没有什么大事，主公将命你父前往东郊安抚灾民，我准备于东门外设席为岳父钱行。"祭

氏暗想："君主命父亲出郊安民，也是平常政务，何需设席钱行？再说父亲同雍纠朝夕相见，又何必于东门外钱别？"这祭氏从小受父亲熏陶，心细如发，见雍纠神情恍惚，料想必有隐情。于是，暗藏心机，把酒相劝。雍纠喝得酩酊大醉，迷

杀婿逐主

郑厉公是祭仲辅立的，祭仲凭此在国中专权，郑厉公对此忧心忡忡，便指使祭仲的女婿雍纠预谋在郊外设宴击杀祭仲。雍纠的妻子雍姬知悉后，问其母："父与夫孰亲？"其母回答："人尽夫也。父一而已，胡可比也。"雍姬听了此言，就告知雍纠要杀祭仲的阴谋。祭仲抢先杀了雍纠，暴尸在郑大夫周氏水池中示众。郑厉公知道事情败露，吓得驱车逃奔蔡国。于是，郑昭公回国复位。此图出自清末石印本《东周列国志》。

前731年 公元前731年

世界大事记

巴比伦爆发反亚述起义，到前728年被平定，并其地，帕拉萨三世自封巴比伦王，称"普鲁"。

《左传·桓公十五年》
《史记·郑世家》

祭仲
郑厉公

杀婿逐主
愚蠢
谎骗

人物 典故 关键词 故事来源

糊间喃喃自语："杀了祭仲，我就是……正卿……"。祭氏至此恍然大悟，但兹事体大，未敢造次。

形神兼备的玉虎

这件黄色玉器总体是一只伏虎形象，只见它脊背和臀部隆起，腹部下垂，伸颈探头，张口大吼，准确地把握了老虎行走时的神情步态。

酒色面前难把持，泄了机密

一夜无话，次日醒来，祭氏察言观色，假装死心塌地的样子对雍纠说："夫君，妾闻妻以夫贵，母以子贵，朝结连理，荣辱同命。妾已是雍家之人，如此大事怎不与妻仔细商量？"雍纠挡不住花言巧语，便把昨日花园中的事和盘托出，并对祭氏说："一旦事成，我为郑国上卿，夫人便是上卿夫人，请夫人助我一臂之力。"祭氏假作高兴，心中犯愁，便先回娘家，问母亲："父亲与丈夫谁亲？"母亲答道："当然是父亲了。父亲只有一个，丈夫失去还可再找。"说者无意，听者有心。祭氏在权衡利弊之后，遂将雍纠密谋杀害祭仲之事全部告诉父亲。

祭仲将计就计，杀婿逐主

祭仲将计就计，在设席处预先埋伏武士，随身数十名侍从个个暗藏利刃，到时一声令下，雍纠当场被刺身亡。祭仲下令将雍纠暴尸示众。郑厉公得信大惊，急忙带着几名亲信，驾车出宫，逃往蔡国。临行时厉公放话说："与妇人为谋，自找死路啊！"祭仲也不追赶，只派人前往卫国接回昭公复位。

政局又回到郑厉公篡位之前，但是先前变节从敌，后来又杀婿逐主，使祭仲的名声一落千丈，昭公也不能不防他一手，于是大臣们心灰意冷。曾经强盛一时的郑国，在诸侯的激烈竞争中，就此渐渐衰败下去。

> **历史文化百科**

〔先秦时期的社会政权细胞：里、里司、里长〕

我国古时候地方设乡、里组织，乡有乡长，里有里正，战国时，里正改称里长。里的管理人各地称谓也有差异，里宰、里旅、司里等都是。里作为我国古代最基层的行政单位，管辖人口随丁口繁衍而有所扩大。据史书记载，最初是"五家为邻，五邻为里"，也有"八家为邻，三邻而为闾，三闾而为里"，其他还有八十家、一百家等说法。

春秋时期齐国管仲整顿地方基层组织，规定："五家为轨，轨为之长；十轨为里，里有司；四里为连，连为之长；十连为乡，乡有良人焉。"此处的里辖民户五十家，平时服徭完赋，战时每家出一人，由里司率领，随军出征。

以金镯和鼓

公元前730—前715年

前730年
前715年

世界大事记　埃及第二十四王朝。

《左传·庄公二十年》
《国语·周语上》

王子颓　周惠王

贪婪　昏庸

人物　关键词　故事来源

〇〇九

王子颓之乱

作为天子的周惠王无端地强占大臣的田地和住宅，引起了动乱。按制度无法继承王位的王子颓却轻而易举地成了天子，其结果又会怎样呢?

周王室在春秋时期不仅土地狭小，权威丧失，而且内部还经常发生争夺王位的战乱，闹得周围诸侯也不得安宁。春秋初期的王子颓之乱，充分表现了周王室的腐败。

宠妾之子

周庄王十分宠爱小妾姚氏，生下儿子取名为颓，对他倍加关爱，并专门请了大夫芳国当他的老师。这一方面是为了培育他成才，另一方面也是辅佐他。可是周庄王没法改变王子颓是庶出，不能继承王位的命运。庄王死，传位于太子，是为釐王；釐王死，传位于太子，是为惠王。作为惠王叔父的王子颓就在惠王时作乱篡位。

祸起地产

芳国有一片园圃，种的菜蔬瓜果都长势良好，可是周惠王为了自己建成养麋鹿的园囿，竟然不顾祖父遗老芳国的利益，强行把芳国的园圃占为己有。另一个老臣边伯的住宅靠近惠王的宫殿，惠王为了扩建宫苑，也强行把边伯赶走了。不久又接二连三地强占了大臣子禽祝跪和詹父的田地，无端没收掌管周王室饮食的膳夫石速的俸禄。利益大受损害的五个大夫串通一气，并联合先前

和鼓的乐器：錞于（左页图）
錞于是乐器的一种，起源于春秋时期。《周礼·地官·鼓人》记："以金錞和鼓"。此器身呈圆角方筒状，盘上设桥形钮，周体饰对称涡纹，底部外缘一周饰夔龙纹。与同类錞于相比，其设计较为精致。

已遭受损害的老贵族苏氏的力量作乱。他们请出王子颓为首领，一起攻打周惠王。虽然是七个贵族联合的力量，但毕竟不是周王室的对手，失败后纷纷出逃。

苏氏和王子颓逃到卫国，请求卫国出兵相助。也有人逃到燕国，请求燕国出兵。卫国和燕国本来对周王室有宿怨，此时也顾不得什么兄弟之国了，真的共同出兵，讨伐无道的周惠王。周惠王失败，出逃到郑国。获胜的一方拥立王子颓为"天子"。

篡位宴乐

周庄王小妾所生的王子颓，真是做梦也不会想到自己会这么容易地当上天子。他当然得好好地感谢那五大夫，于是在宫殿里举行盛大的答谢宴会。在宴会上，除了应有尽有的美味佳肴外，还演奏了规格最高的"遍舞"，就是把黄帝时的《云门》、《大卷》、尧的《大咸》、舜的《大韶》、禹的《大夏》、商汤的《大濩》、周武王的《大武》，六代的七个代表性乐舞统统演奏一遍。依礼制，只有在周天子举行最盛大的庆典场合才演奏这种规格的乐舞。王子颓一方面是为了答谢各位大夫，另一方面也是想好好地享受一下作为天子的乐趣，当然，可能还会对惠王的出逃感到幸灾乐祸。

快乐无比的王子颓万万没有想到这样的纵情欢乐激怒了郑厉公。从骨子里看不起王子颓的郑厉公去见虢国之君，说："犯上作乱的王子颓竟敢如此乐祸忘

春秋早期玉器：龙纹玦（上图）

前707年　公元前707年

中国大事记

周桓王率蔡、卫、陈等诸侯伐郑，被郑庄公击败，桓王中箭负伤。由此，王室衰微，诸侯争霸趋势形成。

忧。我们何不联手纳王复位？"虢君表示同意，并约定了进攻王城的军事行动。

郑、虢两国依约行事，郑厉公率军攻打王城的南门，虢君攻北门。攻进王城后，就把沉浸在欢乐中的王子颓和五个大夫都杀了。

惠王无能

郑、虢两国的军事行动成功后，厉公和虢君到郑国接周惠王回王城，并设宴为惠王庆贺。周惠王为答谢厉公，就把王后用的镜子作为礼物送给他。虢公也请求一件纪念品，惠王送给他一个爵，即精致的饮酒器。在一旁的厉公太子捷，对此大为不满。因为郑国是这次使周惠王复位的主谋，惠王送给郑国的却是一件小小的日用品，送给虢国的却是当时人们都重视的礼器。勤王有功的郑厉公见惠王如此看不起他，十分恼恨，不久就老病而死。从周惠王赠送的两件器物上反映出他处事无能，实是一个不成器的天子。

此后，东周王室在春秋时期又发生过王子带之乱和王子朝之乱，两次王子作乱均因争夺王位，持续的时间都很长，使东周王室更加衰弱。

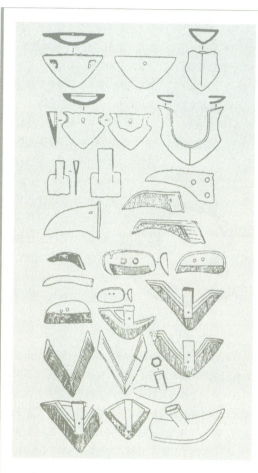

铜、铁农具广泛使用

春秋时农业生产工具比西周时大有进步，主要标志是青铜和铁等金属农具代替了石、骨、蚌等原始农具，成为农业生产中的主要工具。考古工作者在吴、越地区发掘出成批的青铜农具，如在苏州城东北一次出土了12件锄、5件锸、6件斤、6件镰、1件镅。苏州城东南葑门内城河出土了4件铜锯镰、2件镈、1件锸、1件锛、4件凹口锄。这说明青铜农具已不再是礼器，而是农业生产中普遍使用的农具。随着冶铁手工业的出现，春秋时也开始制造铁农具，陕西、湖北、湖南、河北、河南、江苏等地先后出土大批春秋时代的铁制农具舌、铲、馒、镰、锛、凹口锄等。图为吴、越出土铜农具。

> **历史文化百科**
>
> **〔先秦王宫规制：三朝三门二社〕**
>
> 春秋战国时期，天子、诸侯的宫室都分为外、中、内三部分，时称"三朝"，即外朝、治朝、燕朝。与三朝相应，诸侯宫室中有"三门"，分别称"库门"（即外门）、"雉门"（即中门）、"路门"（即寝门）。库门内为外朝，供群臣议政决狱之用，君王不常去；雉门内为正朝，君臣每天会见、商议之所在，一般是群臣先进，君王则从路门中出来，在门首稍站，遍揖群臣，称为朝礼。朝礼毕，然后商议国事。路门内为燕朝，也称内朝，群臣非召不得擅入。雉门之外，左右两旁分别有亳社、周社，两社之间便是外朝所在。古音社、辅同音，所以两社即是外朝侧室，是辅政大臣处理政务、休息之所。

前730年
前656年

公元前730─前656年

世界大事记

埃及第二十五王朝。

陈公子完 齐桓公

机遇 灵感

《左传·庄公二十二年》
《史记·田敬仲完世家》

人物 关键词 故事来源

陈完奔齐

陈公子完因国内的动乱投奔齐国，不接受卿的高官，从基层官做起，他的后代不断地发展壮大。

陈国的公子完因为内乱而出奔到齐国，他的后代在齐国不断发展壮大，经过若干代的努力，他们竟然篡夺齐国的姜氏政权，取而代之。这在春秋、战国时代是个奇闻，但它是的的确确的事实。且看当年的历史状况。

因内乱而避居他国

陈国争夺君位的内乱要追溯到公子完的祖父陈桓公。桓公死后，其弟他杀桓公太子免而自立；接着，蔡人又杀陈他而立免弟跃，即陈厉公。这厉公便是公子完的父亲。厉公去世，君位传给其弟林，为庄公；庄公去世，君位又传给其小弟杵臼，为宣公。公子完因叔父林、杵臼的篡位而不得立。宣公杵臼原来已

立太子御寇，后又有宠姬生子款，便立款而杀太子御寇。厉公子完与宣公太子御寇交往甚密。御寇被杀后，公子完担心会祸及己身，于是携家带眷，投奔到了齐国。

周太史占卜的灵验

原来陈厉公生下儿子不久，有一个周太史经过陈国。陈厉公款待后就请周太史为儿子占一卦。周太史清心通神后用蓍草进行演算，占得了《观》卦，并演变为《否》卦。《周易》说这一变卦的爻辞为"观国之光，利用宾于王"。深通《易》理的太史进行了阐述：认为这个孩子具有光大一个国家的运气，就是"观国之光"；不过不在陈国本国，而有利于在异国他乡发展，就是"利用宾于王"。公子完成年时，陈国的大夫懿氏想把女儿嫁给他，也进行了占卜，说他将在姜姓之国发

春秋时期青铜酒樽
酒器是古代祭祀所用的重要器具。这座青铜酒樽铸造精美，是春秋时期青铜铸造技术的典范作品。它不仅说明当时对于祭祀仪式的重视，也表明了春秋时期青铜铸造技术的发达程度。

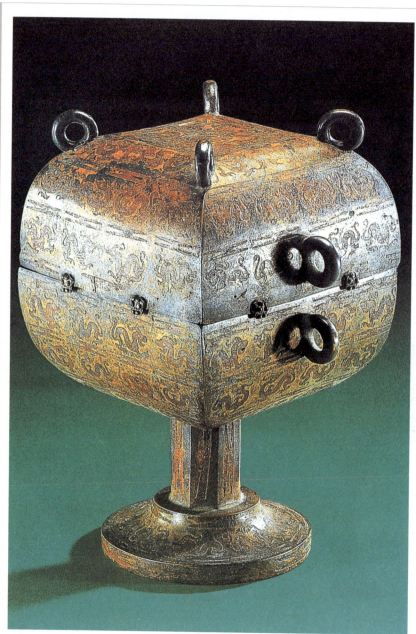

展壮大，到第五代开始昌盛，地位及于正卿，到第八代就没有人能比得上了。

陈公子完由于国内的动乱，真的投奔到姜姓的齐国，也真的在第五代时有实力来拉拢民心，控制齐国国政，结果在第八代时演出了一幕"田氏代齐"的历史剧。古代"田"与"陈"音义略同，公子完后代改姓田，取代姜氏而掌握了齐国政权。

史书记载了一些通过算卦、占卜而作出的预言，预言又应验了。这些记载反映了那个时代的人们相信算卦、占卜的状况。而史官往往把一些应验的卦占记录下来，并在文字上作了加工和修饰。

镶嵌兽纹方豆
盖盘四边形，柄为八棱柱，圈足覆盆形，盖上共有四钮，二耳，腹两侧也有环耳，盖与盘以子母口扣合。器身饰红铜镶嵌的兽纹，作跳跃状。此器同出两件。

公子完后代的发展路线

陈国的公子完投奔到齐国，桓公就封公子完为卿。公子完却说："我是出逃而来的臣子，若能获得大王的宽恕，宥免罪过，已经是我的福分了，岂敢接受这一高官。"于是齐桓公改授他掌管各种手工业的基层官工正，公子完接受了。

陈公子完的后代之所以在齐国成为一国之主，是因为他正确地接受了工正一职，脚踏实地，从基层官吏做起，不断努力，逐渐谋求发展。而齐国姜姓家族贪婪地剥削民众，严刑重罚，失去民众的支持，走向衰落。一者以衰，一者以盛，田氏代齐是历史的必然。

春秋齐国故城遗址 历史上极富传奇色彩的人物姜太公助周灭商后，被封于山东北部的齐地，在薄姑建国，即齐国。到了第七代国君齐献公迁都临淄，经春秋战国至秦国灭齐，临淄作为齐国都城长达630多年。姜太公的后裔将临淄经营成当时中国规模最大、最繁华的城市之一。《战国策·齐策一》云："临淄之中七万户……临淄甚富而实，其民无不吹竽、鼓瑟、击筑、弹琴、斗鸡、走犬、六博、蹹鞠者；临淄之途，车毂击，人肩摩，连衽成帷，举袂成幕，挥汗成雨，家敦而富，志高而扬。"可见齐都临淄在当时早已成为人们心目中的名都。图为临淄故城遗址和故城排水道和排水口，以及城墙角剖面。城墙历经两千多年的风风雨雨至今仍继续存在，足见当初夯筑得十分牢固。

▶历史文化百科◀

〔贵族阶层及其祭祀活动：公族、大祫、大询〕

庶民卑称小人，与此相对的是被尊称为大人的王公卿大夫贵族阶层。春秋初期，王仅周天子一人，各国诸侯皆称公，所以诸侯的儿子便是公子，公子之子便是公孙，与其同族的子弟便是公族。

族中后人祭祖，每年一小祭，五年一大祭，称合祭或祫祭，也称大祫。大祫时，族中各房子弟把远近各代祖先的神位全部搬到太庙内，让历代祖先一起接受所有后辈的祭祀。

按祖制，凡遇国家大事，国君须征求庶民的意见，特别是国家遇到危险时、迁都移民时及议立新君时。开明君主往往将事关百姓利益的事项先向百姓咨询，然后再决定。这称为大询。

同父异母的兄弟，有的互相帮助，情同手足；也有的互相仇视，设计陷害，欲置之死地而后快。卫宣公的太子伋，有两个同父异母的兄弟，他们的性格、感情绝然不同，上演了一出兄弟争斗和救助的戏剧，成为人们议论的话题。

兄弟情义

卫宣公时的太子伋和公子寿，是同父异母的兄弟，在宫廷阴谋的残酷斗争中，他们患难与共，互相救助，其精神感人至深。

荒淫卫宣公，霸占儿媳成妃子

卫宣公是个无耻之徒，他先爱夫人夷姜，生下一子名伋，立为太子，并指定右公子当伋的师傅。转眼间伋已十六岁，由右公子作媒，说合齐僖公长女为妻。卫宣公派使臣赴齐下聘，使者回来后说齐女姿容绝世，卫宣公不由动了淫心，下令在淇河边建造一座美轮美奂的"新台"。迎亲之日，遭开太子，自己亲往观察，见齐女果如仙女一般，于是卫宣公当夜就宿于新台。一夜之间，儿媳成了妃子，史称"齐姜"。

后母狭隘，恃宠陷害太子

齐姜后来给宣公连生二子，一名寿，一名朔。宣公偏爱齐姜，视太子伋母子如同敌屉，夷姜一气之下含恨而死，太子更加失去依靠。此时齐姜与公子朔串通一气，不断地在宣公面前说太子伋的坏话。

适逢太子生日。伋设宴款待寿、朔两位弟弟。心性仁厚的公子寿与伋互敬互爱，谈笑甚欢；阴损刻毒的公子朔却以为冷落了自己，便到后宫齐姜处哭诉，造谣说："我们兄弟好意向太子贺寿，不想他竟趁酒意说母亲原本是他的妻子，要我们叫他父亲。我们说了他几句，他依仗身高力壮大挥拳要打我们。"齐姜对朔的话全然不疑，一五一十去向宣公诉说，并挑拨说："君主健在，太子尚且这般污辱我母子，一旦君主百年，太子继位，我母子如何得活！"宣公听了大怒，杀心顿起，一时找不到理由，朔在一旁见了，对宣公说："前几天外公来书，邀我国一同出兵讨伐纪国，不如叫太子持节先去，我有朋友，与边境强人有联系，让他们在半路上结果了他，不就除了祸根？"卫宣公点头同意。

兄弟情深，急难赴救忘生死

公子寿得知这个情况，急忙

春秋燕国饰品：金人头像

金人头上戴帽，卷发披散，浓眉大眼，唇上胡须上翘。形貌具有当时典型的北方游牧民族的特征。燕国位于中原最北部，和游牧地区毗邻，其文化不可避免地带有混合性。

前**722**年 公元前722年

世界大事记

亚述灭以色列王国，俘2万7千余人。

《史记·卫康叔世家》

仁义　邪恶　善行

卫宣公　太子伋

兄弟争死

人物　典故　关键词　故事来源

卫宣公自纳齐女

卫宣公未即位时与庶母夷姜私通，生子伋。卫宣公即位后，立伋为太子。伋迎娶齐国女子齐姜，卫宣公见齐姜绝色美貌，就自取为妻。齐姜生子寿、子朔。夷姜失宠自杀，齐姜与子朔合谋中伤太子伋。卫宣公听信齐姜的诬告后，让伋拿着白旄去齐国，又暗中买通强盗在中途见到持白旄的人就杀。子寿将此阴谋告知伋，见伋不肯逃走，就乘饯行将伋灌醉，持旄先行，代伋而死。伋酒醒后急忙赶去向强盗斗争，于是强盗又把伋杀了。同父异母兄弟为维护纯洁的手足之情双双献出了生命。此图出自清刊本《东周列国志》。

返回太子宫，不料太子已乘船出发。寿不及细想，急呼随从备快艇追赶。伋正乘船向齐国进发，见寿乘快艇追来，便落帆等候，问寿何事？寿把宣公与朔的阴谋说了一遍，忧急万分地说："哥，前有盗贼埋伏，不能再往前，快到别国逃生去吧！"太子泪如雨下，说："我逃往他国，有背君命，是为叛臣，回宫质问父亲，便为逆子。母亲已死，剩我一人，他们都容我不得，我不如就此前去，死了留个忠臣孝子的名声。"说完和公子寿道别，继续前进。

公子寿见劝说无效，心想：哥哥若死于盗贼之手，即使我被立为太子，今生今世心灵如何得安？今天，父母弟弟冤屈哥哥，我怎能不顾仁义，袖手旁观！想到这里，再次叫住太子，取过酒食，对伋说："既然哥哥执意要去，为弟不便强留，念我俩仁爱一场，今为哥饯行，请哥哥别再推辞。"伋为寿的情义

〉历史文化百科

〔表示长大成人的"冠礼"〕

春秋战国时期的冠礼是由父系家长制时期的"成丁礼"转变而来，所以男女虽然都有冠礼，男性的冠礼明显占有主角地位，而女性只是辅角。成人的年龄，周代的礼仪规定："男子二十而冠，女子十五而笄"。贵族男子年满二十，由父亲主持，到宗庙中举行冠礼。行冠礼前请巫师择定日期和参加加冠的来宾，届时由来宾给该男子取"字"。按当时的习惯，男婴生下三个月后，要择日剪发，到时由父亲执着儿子的右手，宣布儿子的"名"。而他的"字"则须等到年满二十，行冠礼时，由宾客取定，所谓"男子二十冠而字"。取"字"的方式，男子全称有三个字：第一个字是长幼行辈的标志，如伯、仲、叔、季(老大、老二、三后、最小)之类；第二个字是与"名"相联系的某一个"字"，如孔子弟子司马耕复姓"司马"，名"耕"，宾客给他取的"字"便是"子牛"；第三个字是男子的美称，一般都以"甫"称呼。

女性取字则相对简单，除了在前面冠以国名或氏之外，第一个字也是长幼行辈的称呼，第二个字是姓，第三个字乃至第四个字皆以"某母"称呼。当时还有一种女子及笄前未嫁前称为"待字闺中"的说法，出嫁后再以丈夫的称号为字。女子出嫁后都用字相称，不再以名行。

所感，就与寿大杯大杯对喝起来。寿敬酒有心，伋狂饮无意，不觉酩酊大醉。寿取过符节，跳上使船，急令扬帆疾驶。

同归黄泉，义举传遍民间

船近边境，两岸盗贼见船上旌旗飘扬，料是使船无疑，便认准船头的持节使者，百箭齐发。公子寿已有替死之心，与蜂拥而上的匪徒格斗，力尽被杀。后面船上的太子伋酒醒后，不见了公子寿与使船。知道

事情不妙，急令快艇飞速前进。赶到边境，见贼人已杀了公子寿。太子伋眼若喷火，大声喝道："我乃卫国太子伋也。"说罢挥起佩剑向贼人杀去。贼人聚众围攻，太子伋力竭而死。

盗贼连夜赶回卫都，将两颗首级一同呈给卫宣公，宣公即以朔为太子。一举杀害两个儿子，卫宣公的良心受到责备，不久也命归黄泉。

伋、寿兄弟舍生忘死、互相救助的义举，传遍民间。人们赋诗歌颂他们兄弟的情谊。

春秋战国古今地名表

大梁	魏国都城，在今开封西北。	东虢	周代国名，姬姓，在今河南荥阳东北。公元前767年为郑所灭。
山东	战国时称华山或崤（山）函（谷关）以东地区。	代	一为古国名，在今河北蔚县东北。公元前476年为赵襄子所灭。一为赵国郡名，治所代县（今河北蔚县东北），辖今河北、内蒙、山西三省相接的长城内外地区，有三十六县。
上党	战国时韩国郡名，治所壶关（今山西长治市北），辖今山西和顺、榆社等县以南，沁河以东地区。		
马陵	战国齐地，在今山东郯城县。		
巨鹿	赵地，因巨鹿泽得名，在今河北平乡西南。	汉中	一为楚国郡名，辖今陕西省东南角，湖北省西北角。一为秦国郡名，秦灭巴蜀后，将之与楚汉中之地合并为汉中郡，治所南郑（今陕西汉中东）。
留吁	也称屯留，古邑名，在今山西屯留南，春秋时为赤狄居住地。		
云中	赵国郡名，范围包括今内蒙古大青山以南，黄河南岸及长城以北地区。	兰陵	战国楚县，治所在今山东苍山西南。
云阳	一为战国秦邑，在今陕西淳化西北。一为战国楚邑，在今江苏丹阳。	巩	古邑名，在今河南巩义西南。
		夹谷	春秋齐鲁会盟之地，在今山东莱芜南。
云梦泽	古泽薮名，范围包括今江陵以东，云杜、沌阳以西江汉之间的一片地区。	芍陂	战国时淮水流域著名水利工程，在今安徽寿县南。唐代重修，宋以后渐堙废。今安丰塘即其残余。
中山	古国名，白狄所建，又称鲜虞，在今河北正定东北。		
		成周	一为西周时的东都，即雒邑，在今河南洛阳金村一带。一为春秋时，周敬王七年（公元前510年）所建，与王城成为两城。
长平	赵国邑名，在今山西高平西北。		
长勺	鲁地，在今山东莱芜东北。		
巴郡	原巴国之地，治所江州（今重庆市北嘉陵江北岸），辖今阆中以东，巫山以西，武隆、江安以北地区。	西河	战国魏地，今陕西东部黄河西岸一带，包括陕西华阴以北，黄龙以南，洛河以东，黄河以西地区。
艾陵	今山东莱芜东北。	西虢	周代国名，姬姓，在今陕西宝鸡东。随平王东迁于上阳（今河南陕县东南），称南虢，下阳（今山西平陆北）称北虢。公元前655年，为晋所灭。
平阳	一为都城名，在今山西临汾西南，传为帝尧之都；一为战国赵邑，在今河北临漳西南。		

曲沃	一为晋邑，在今山西闻喜东北。一为魏邑，在今河南灵宝东北。	临邛	古邑名。战国秦地，以产盐铁著名。在今四川邛崃。
延陵	春秋吴邑，今江苏常州。	禹王城	即魏安邑故城，战国前期魏都城。在今山西夏县西北7公里处青龙河畔。城分大、中、小三部分，中、小城在大城之内。
会稽	战国秦郡，因会稽山而得名，辖今江苏长江以南，安徽歙县、旌德以东，浙江金华以北地区，治所吴（今江苏苏州）。		
		济阳	战国魏邑。在今河南兰考东北。
华阳	古邑名，在今河南新郑北。春秋郑地，战国韩地。	桂陵	著名古战场。一说在今山东菏泽东北，一说在今河南长垣西北。
伊阙	地名，在今河南洛阳东南。	黄池	吴王夫差争霸处，在今河南封丘西南。
关中	古地区名，一般包括函谷关以西秦地。	渔阳	战国燕郡，地域包括今内蒙古赤峰以南，北京通州、怀柔以东及天津以北地区。
安平	古邑名。一在今山东淄博东北，春秋时齐地，田单复国后即其封地。一在河北安平，战国赵邑。		
		雁门	战国赵郡，治所善无（今山西右玉南），辖境约当今山西西北部神池、五寨、宁武等县以北到内蒙古部分地区。
安陵	战国魏地，在今河南鄢陵西北。		
辰陵	古地名，今河南淮阳。	葵丘	春秋时齐桓公盟会所在地，在今河南兰考东，为宋境。
杜邮	战国秦地，又名杜邮亭、孝里亭，在今陕西咸阳东。大将白起自杀于此。		
		韩原	春秋时晋地，在今山西稷山西。
巫郡	战国楚置，辖今湖北省清江中、上游及四川东部地区。治所巫（今重庆巫山北）。	践土	晋文公称霸之地。春秋时郑地。在今河南原阳西南。
邺	春秋齐邑，齐桓公时所筑。在今河北临漳西南。	殽	晋秦交战地。在今河南三门峡市东。
郔	春秋时晋楚战场，在今河南荥阳东北。	颍谷	今河南登封西南。
陆浑	古地名，原陆浑戎居留地，在今河南嵩县北。	颍川	战国韩地，因颍水得名。秦灭韩后置郡，治所阳翟（今河南禹州），辖今河南登封以东，尉氏以西，包括舞阳、临颍等地区。
砀郡	战国末秦郡，因砀山得名，治所砀在今安徽砀山县南，辖今砀山以西、亳州以北，河南开封以东、山东巨野以南地区。		
		鄢	战国楚地，在今湖北宜城东南。
武关	战国时秦国所置的关隘，在今陕西商南东南。	鄢陵	战国楚地，在今河南鄢陵西北。
苦县	老子出生地，今河南鹿邑东，属楚国。	榆中	战国赵地，一说为榆溪塞所在地，即今陕西东北角，或今内蒙河套东北岸。一说为今甘肃兰州市榆中县。
昆阳	战国魏邑，在今河南叶县。因在昆水之阳而得名。		
制	也称虎牢关，郑地，在今河南荥阳汜水镇。	督亢	燕国著名膏腴之地，今河北涿州东，包括涿州、固安、高碑店等县市地界。
函谷关	战国时秦国所置的关隘，在今河南灵宝东北。因关城在谷中，深险如函而名。		
		稷门	战国时齐国聚集学士、说客居留处。一说即齐都临淄北门。一说为"侧门"之讹，指西门侧。一说指稷山下之门。
城濮	春秋时期晋楚之战发生地，在今山东鄄城西南。		
栎阳	战国时曾为秦都，在今陕西西安临潼东北武屯镇附近。		
		槜李	春秋时吴越交战地，在今浙江嘉兴西南。
郢	楚国都城。在今湖北江陵西北。后楚因故先后迁都鄀（今湖北宜城东南）、鄢（今湖北宜城）、陈（今河南淮阳）、巨阳（今安徽阜阳北）、寿春（今安徽寿县），于当时都被称为郢。	黔中	战国楚郡，治所临沅（今湖南常德），辖区包括今湖南西部及贵州东部。

○一二

昏君齐襄公

齐襄公不知权力的使用也应有个"度"，他作恶多端，滥杀无辜，结果，怨愤的人群将他斩首。

历史上的昏君，大都昏庸无道，草菅人命；又好色纵欲，荒淫乱伦。他们名声丑恶，积怨甚多，受到各阶层官吏和人民的普遍反对，最后落得可悲的下场。春秋前期的齐襄公，便是这样一个昏君的典型。

齐襄公积怨毙命

齐襄公迷信权力，施政无常，朝令夕改，戏弄了大夫连称、管至父，襄公又将叔父夷仲年的儿子公孙无知的待遇降低，使公孙无知产生怨恨。于是，连称、管至父就拥戴公孙无知酝酿作乱。公元前686年冬，齐襄公到姑棼游玩，在贝丘田猎，见到一只大野猪，侍从说："公子彭生也。"襄公怒道："彭生敢见！"即用箭射，野猪直立起来哭叫。襄公以为遇见了鬼，吓得从车上摔下来，摔伤了脚丢掉了鞋。回到官中不久，连称等人攻入官中，将藏在门后的襄公拖出来杀了，另立公孙无知为新君。当初鲍叔牙曾预言："君使民慢，乱将作也。"果然言中。左图出自明刊本《片璧列国志》。右图出自清末石印本《东周列国志》。

淫乱内宫，杀人灭口

当齐襄公还是太子时，见同父异母妹文姜长得漂亮，便勾搭成奸，淫乱内宫。即位前两年，嫡亲叔叔夷仲年去世，留下独子公孙无知，先君齐僖公怜其年幼失怙，领回宫中抚养。某次二人一同游戏发生了一些冲突，他便记恨在心，公元前697年，登上君位就削去无知所有爵秩，放逐郊地葵丘，即今山东淄博市西。大臣稍有词色不恭，动辄诛杀，搞得满朝文武噤若寒蝉。他的几位弟弟公子纠、公子小白等都为避祸纷纷逃往国外。公元前694年，早已嫁作鲁国夫人的文姜随鲁桓公来齐国省亲。淫欲成性的齐襄公竟又同文姜重续旧

鬼过猎出公襄齐

公元前704—前681年

前704年
前681年

世界大事记　亚述国王辛那赫里布在位。

荒淫　怨愤
齐襄公

《左传·庄公八年》
《史记·齐太公世家》

人物　关键词　故事来源

多种纹样和谐搭配的木豆

豆是古代盛物的器皿，木胎豆一般都用斫制法为主制成。这件春秋时期的波纹豆以挖制辅以斫制，豆口微微内敛，盘浅柄短，内髹红漆，外表则在黑漆底上用红黄二色描画点纹、三角纹、勾纹、变形窃曲纹等纹样，层次分明，又变化多端。

好，被鲁桓公发觉。为了掩人耳目，齐襄公令力士彭生假装抱鲁桓公上车，双臂紧箍，鲁桓公肋骨尽断，当场吐血而死。鲁国随臣群起责问，他下令杀彭生加以搪塞。彭生狂呼要变厉鬼找他算账。

言而无信，群情震怒

为了防御敌国侵扰，齐襄公派大夫连称、管至父为主、副将，率重兵赴葵丘戍守。二将问襄王何时换防，齐襄公说："及瓜而代。"意即明年瓜熟时换防。戍边日子十分艰苦，好不容易熬到第二年瓜熟，连、管派亲信回都探讯。不料齐襄公竟翻脸不认账，说："何时换防，等我想到了再说。"亲信只得回葵丘如实禀报。全营闻听，顿时哗然。管至父与连称合计，决定颠覆齐襄公。他们派人同公孙无知联系，协议事若成功，拥无知为齐君。

这一天，齐襄公正率车骑在姑棼，即今山东博兴县东北围猎。突然林中窜出一头野猪，体大如牛，不畏弓

矢，直奔襄公，像人一样立起，哀啼尖嚎，其声犹如被冤杀的力士彭生。军士大惊，失口狂呼："彭生的鬼魂！彭生的鬼魂！"齐襄公吓得从车上倒栽下来，一只鞋子被野猪叼了去。齐襄公返回驻地依然心悸不已，满腔怒火出到管衣帽的侍从费的头上，一顿皮鞭打得费血流不止。

叛兵骤至，揪出斩首

费逃亡出宫，正遇上率军奔袭齐襄公的连称、管至父。费连忙表示愿当向导。人马抵达齐襄公寝宫，连称指挥士兵四面围定，同意费先进去探明情况。不料费入宫后直奔齐襄公寝所，报告叛兵已包围寝宫。襄公急忙中让一侍卫冒充自己躺在床上，自己则躲到门背后帷幕里，想躲过叛兵搜寻后再伺机逃出宫去。

连称久等费不回，情知有变，便指挥军士撞开宫门向里闯，正碰上费带着几名侍卫持刀出来抵抗，几个照面，都被砍死在门口。将士们拥入宫中，只见床上躺着一人，管至父一步上前砍下脑袋，连称提起一看，却不是襄公，急令军士四处搜寻。连称在隐隐烛光中见门后帷帘下有两只脚，揪出一看，正是昏君齐襄公，于是历数昏君背盟乱政的种种罪状，挥刀将他斩为数段。

齐襄公把齐国搞得大乱，又在混乱中被人斩杀，结束了他荒淫无耻的一生。

> **历史文化百科**

〔巫婆神汉及其惩戒：巫、觋、暴焚巫尪〕

春秋战国时期祈卜占相之人称巫觋。女的称巫，男的称觋，从事诸如相阴阳，占祲兆，钻龟布卦，攘择五卜等迷信活动。史书记载，巫觋多由残疾人担任，故有"伛巫跛觋"一说。巫觋的职业也有很大风险，当时有一种称为"暴焚巫尪"的习俗：凡遇大旱不雨，祈雨之人会将巫尪(觋)放在烈日下暴晒，如还不下雨，就将巫尪放在柴堆上焚烧，以为这样做就可使天下雨。

〇一三

诈死夺君位

千钧一发中，公子小白倒伏装死，由此躲过敌人的追杀，抢先登上了齐国的王位。

君位历来是公子贵戚争夺的目标，因为一旦夺得君位，大权在握，便可进行各种活动；反之，失去君位，将处于不利的境地。春秋前期齐公子小白，也就是后来的齐桓公，以诈死夺得君位，反映了他的机智灵活。故事还得从鲍叔牙和管仲辅佐齐公子说起。

两个好友，旷世才惺惺相惜

齐国的鲍叔牙和管仲是一对好朋友。鲍叔牙敦厚、诚恳，管仲机智、明辨，两人都博学强记，又互相敬佩。

简中有繁的青铜樽

这件春秋时代的酒器，出土于江苏武进。该樽底座和上部未加装饰，腹部及上下有带状蟠虺纹饰。蟠虺为蛇的一种，以当时流行制造工艺，无数的蛇形状纹饰纠结成网目，纹饰单调重复。整体上简中有繁，颇具当时工艺特征。

管仲家境贫寒，又有老母需要奉养，相对富裕的鲍叔牙每有能赚钱的机会，就借钱给管仲一起经营，赚钱后又把大头分给管仲，管仲也不推辞。一天，鲍叔牙对管仲说："兄满腹经纶，有经邦治国之才，埋没了太可惜。现齐襄公暴政虐民，淫乱内廷，总有垮台之日，今后谁为国君尚难预料，我俩不如去辅佐一位公子，助其成事，一旦成功，再互相提携，共享富贵，如何？"管仲同意。于是，管仲去辅佐齐襄公同父异母的长弟公子纠，鲍叔牙去辅佐其次弟公子小白。不久，齐襄公无端诛杀臣僚，管仲、鲍叔牙随避祸的公子分别逃亡鲁国和莒国。

各为其主，遭逢乱世显身手

公元前686年十二月，齐大夫连称、管至父杀掉襄公拥立公孙无知为君。两个月后，公孙无知和连称、管至父又被大夫雍廪、高傒所杀。为立新君，雍廪等分遣使者到鲁、莒二国，请公子纠和公子小白回国商议继位大事。高傒与公子小白少年时就是好友，密遣心腹嘱小白快速回国，抢先一步登上君位。不料事情被鲁国得知，鲁庄公也马上发兵护送纠回国争夺君位。管仲对鲁庄公说："出使鲁、莒的齐国使者一定同时从临淄出

世界大事记

公元前8世纪左右，雅典"提修斯改革"，制定雅典首部宪法，设立中央议事会及行政机构，并将阿提卡公民分为贵族、农民、手工业者三个等级，规定贵族方可任官。

齐桓公　管仲　鲍叔牙　机智　果断　《史记·齐太公世家》《左传·庄公八年》《左传·庄公九年》

人物　关键词　故事来源

发，莒近鲁远，我们即使立刻出发，已落后于莒。如今之计，主公不如一面护送公子兼程回国，一面立刻派奇兵一支，赶往莒国回齐路上截击公子小白。主公如同意，请借我三十乘兵马，我愿担当此任。"庄公欣然传令照办。

管仲率领三十乘兵马昼夜奔驰，得知小白车队刚过，马上挥兵追击。追出三十余里，见前方路旁有一彪人马正起炊做饭，驰近一看，果是小白他们。管仲见小白正端坐在车内，就在车上起身致礼问候道："公子别来无恙，不知现在准备到哪里去？"小白答道："回国奔丧。"

郑伯盘

箭中带钩

公元前685年春，公孙无知出游时被大夫雍廪所杀。当初，齐襄公即位后，政令无常，襄公的弟弟公子小白的师傅预感要出内乱，就拥奉小白逃到莒国，而管仲则拥奉襄公另一个弟弟公子纠逃到鲁国。公孙无知被杀后，齐国议立新君，大夫高傒密招小白回国。鲁国也派兵送公子纠回国，又派管仲领兵阻击小白。管仲一箭射中小白的带钩，小白装死，逃过一劫，抢先回国登上王位，是为齐桓公。鲁国乘小白立足未稳，发起进攻。鲁、齐两军在乾时交战，结果鲁军战败。齐军乘胜打到鲁国，逼鲁庄公杀死公子纠。左图出自明刊本《片璧列国志》，右下图出自清末石印本《东周列国志》。

一箭得手，岂料小白设套

鲍叔牙见了，在旁起身作揖说："主丧之事当由齐

春秋漆器手工艺的发展

漆器早在新石器时代就已出现，商周进一步发展，并出现了早期的螺钿漆器。考古发掘春秋时代墓葬中漆器实物增多，器具门类众多，色彩华丽，工艺精细，表明当时漆器手工艺有了很大的提高发展。在湖北当阳等十多处春秋墓葬遗址中发现许多漆器随葬，尤以楚国出土漆器为多。春秋时漆器一般为木胎，胎壁较厚，亦有竹胎和藤胎。漆器大多彩绘鲜艳，色彩丰富，有黑、红、褐、黄、绿等多种颜色，绘有几何纹、花纹、云纹、动植物纹等，绘画采用单线勾勒加平涂技法。从中可看出漆器已从礼器为主过渡到实用器具为主的阶段。图为山东临淄郎家庄齐国墓出土的漆器图案。

国公卿议决，兄既非齐国公卿，还是回鲁国去吧。"两人说话间，各自兵士怒目相向。

管仲见莒兵有百乘之众，一旦冲突，自己必然吃亏。于是连忙装出听从劝说的样子，诺诺连声，趁驭手驾马之际，迅速拉开强弓，一箭向公子小白射去。莒国兵马不及防备，只听"飕"地一声，箭已射中小白，小白大叫一声，倒伏在车辕上。管仲一见得手，急令众将士飞驰离去，背后传来一片哭喊声。

公子小白被射死的消息传回鲁国，公子纠定下心来。于是一路上迎去送往，晚起早宿，速度放慢下来。其实公子小白并未死，他见管仲领兵赶到，先已心存戒意，管仲那一箭正巧射在束衣的带钩上，小白急中生智，诈死躺下。此举不仅骗过了管仲，连鲍叔牙也信以为真。等鲁军去远，小白缓缓地从车辕上抬起身来。为防鲁兵再来，鲍叔牙将计就计，让大队人马举哀缓行，又将公子小白藏进后面小车中，直奔齐国而去。

入城登基，抢先一步坐江山

车到临淄，鲍叔牙先入城与大夫高傒等联系。一则是公孙无知死后齐国无君，朝野人心思定；二则众大夫如迎小白登基，也算得拥戴有功。所以众大夫欣然出城迎接公子小白进宫即位，他就是历史上著名的齐桓公。

公子纠一行缓缓来到齐国边境，探子忽报小白未死，且已即齐君位。鲁庄公得知恼羞成怒，不听管仲劝阻，率军攻打齐国，结果大败而归。

齐桓公　管仲　鲍叔牙

识才　尊贤

《左传·庄公九年》《史记·齐太公世家》《吕氏春秋·赞能》《国语·齐语》

人物　关键词　故事来源

〇一四

管仲拜相

齐桓公不计前嫌，慧眼识人，以非常之举，筹划非常之功。

原来，管仲辅佐的是公子纠，鲍叔牙辅佐的是公子小白；为使公子纠得君位，管仲还向公子小白射了一箭。现在，公子小白当了齐国国君，怎么能拜管仲为相？这里面，有着一段曲折的经历。

举才不避亲，纳贤不记仇

齐桓公即位后，拜鲍叔牙为太宰，鲍叔牙推辞说："臣跟随主公，是希望主公创立不世功勋。现蒙上天眷顾，主公登上了君位。但如何进一步发展事业，臣毫无把握。主公如仅想治理齐国，有高傒、叔牙足矣；如想成就一代霸业，则非管仲不可。"齐桓公对管仲那一箭记忆犹新，听了鲍叔牙的话，不觉瞪大了眼睛。鲍叔牙见状，继续说道："臣有五方面不如：安定百姓、增加生产不如他；治平国家、和洽诸侯不如他；取信于民、树立权威不如他；制订礼法、规范全国不如他；鼓舞士气、克敌制胜不如他。如此天下奇才，哪国君王任用哪国就会强盛。主公切不可失去啊！"齐桓公说："他差点把我射死，可是我的大仇人啊！"鲍叔牙说："这正是他忠于自己主子的表现。如果成了主公的臣子，他就会去射主公的敌人。"

鲍叔牙的话打动了齐桓公，他想了一会，问："那么，怎样才能使

管仲回来呢？"叔牙答道："请鲁国把他还给我们。"桓公摇头说："鲁国如知我将重用管仲，一定不肯还人。"鲍叔牙说："鲁国刚刚战败弃械而逃，我尚陈兵鲁国边境。我们可派人去鲁国修好，要求将主公的仇人管仲交还，作为齐军不攻鲁国的交换条件。"齐桓公一听，连说："大妙！"

将欲取之，可先贬之

齐国使者来到鲁国，递上齐桓公的书简："公子纠与寡人虽为手足，但大逆不道，寡人不忍亲手杀他，请鲁君代行死刑。管仲为我国罪臣，险致寡人死于非命，寡人欲报一箭之仇，请鲁君将管仲给使者押回。"鲁庄公战伤未愈，不敢生事，就令人杀了公子纠，又缚了管仲，给齐使者押往齐国。鲁国谋臣施伯得知此事，不由大惊，急忙进宫对鲁庄公说："据微臣观察，管仲实乃智谋超群奇才。主公将他送回齐国，无异放虎归山，齐桓公扬言要报一箭之仇，恐怕是个幌子，管仲回国，必受大用。一旦齐国大治，地隘人少的鲁国只能任其驱使了。"鲁庄公一听猛然惊

首辅霸业的名臣管仲

管仲是春秋时期齐国的政治家和军事家，辅佐齐桓公首先称霸诸侯。他的主要思想大都体现在《管子》一书中，该书内容十分丰富，可以看出他在政治、经济、哲学等方面都有着杰出的认识，许多思想于今天仍然有着很深的教益。此图出自清末《历代名臣像解》。

中国大事记

楚公子熊恽杀君自立，是为成王。

管子序

楊忱撰

序曰春秋尊王不尊霸與中國不與夷狄始于平王避夷難也是王室遷而微也見于周書文侯之命微王也是王者失賞也費誓善其備夷是諸侯之正也秦誓專征伐是諸侯之失禮也書春秋合體而異世也書以文侯之命終其治也春秋以平王東遷始其微也自東遷六十五年春秋無晉以其亡護亂也及其滅中國之國而後見其行事譏失賞也周之微也幸不夷其宗稷齊桓之功也其中國無與加其盛也其夷狄無與抗其力也見于衛詩美其存中國也春秋無與辭何異也存一國之風無其人則衛夷矣全王道之正與之霸是諸侯可專征伐也夫晉之爲霸也異齊遠矣桓正文譎夫桓

悟，急问：“如何是好？”施伯说：“请主公即刻派兵追赶，赶上不必问话，一剑斩杀，将尸体还给齐国。”鲁庄公马上令人照办。但为时已晚。原来管仲算准了事情将起变化，唯恐速度慢误了自己的性命。他与使者商议，使车子越走越快，等鲁国追兵赶到，载着管仲的车已进入齐境。

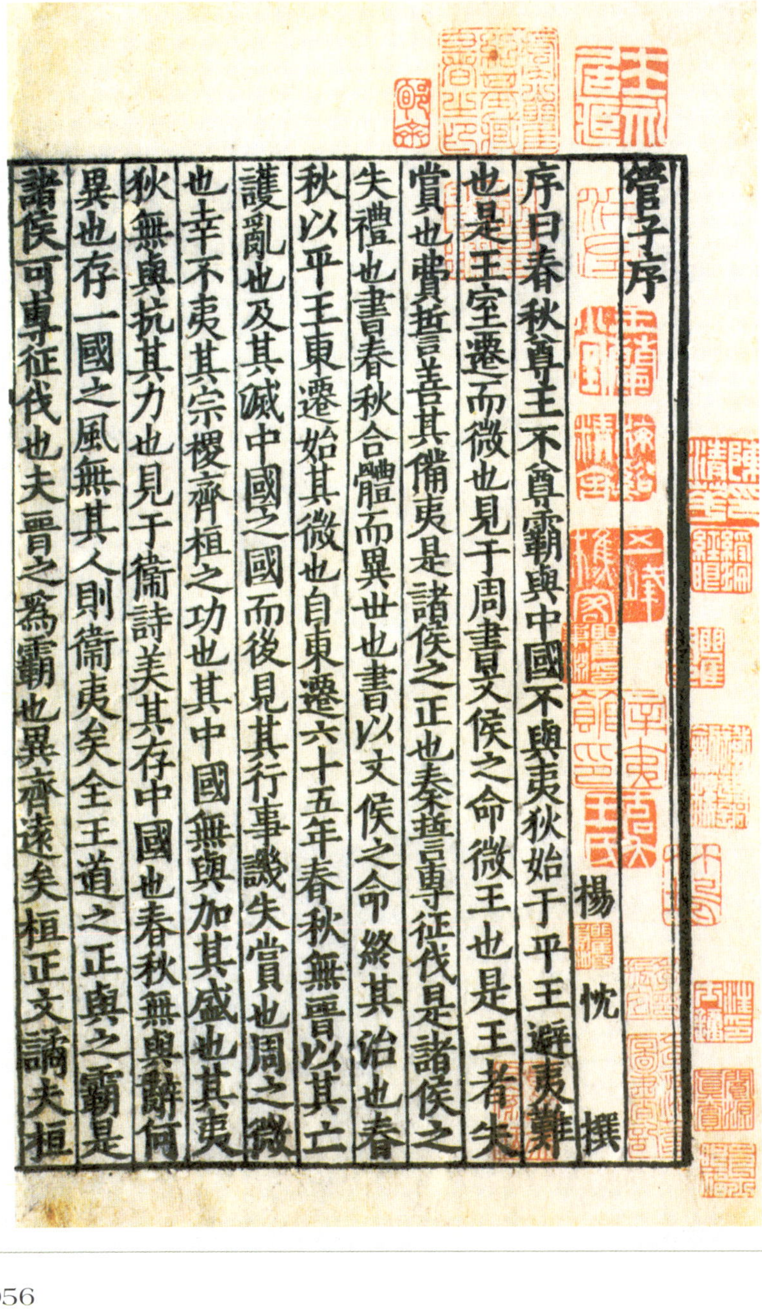

囚徒变成了相国

齐桓公用专车隆重迎接管仲回国；燃烧芦苇把子替他驱除囚车的不祥，如同今天点放鞭炮；又为他沐浴、熏香三次，宰杀牲畜为他举行祭仪，然后，在宫中接见管仲。管仲向齐桓公稽首谢罪，齐桓公跨步上前扶起管仲，

保存管仲遗说的《管子》

和许多春秋战国诸子的著作一样，《管子》一书其实并非管仲一人所著，而是春秋战国时期齐国学者的论文汇集。全书共24卷，现存76篇，分为8类，内容庞杂，包含有道家、名家、法家等思想以及天文、历数、经济、农业等知识。其中《牧民》、《形势》、《权修》等篇中保存了管仲的遗说。

春秋时期的洁具：单盘

河南罗山高店出土的单盘，系春秋早期的浅腹平底圈足铜器，下有四伏兽承托，腹饰兽体卷曲纹，圈足饰鳞纹，盘内有铭文。据考证，这是春秋时期贵族阶层用来盥洗的器具。

当即赐坐，向他询问治国方略。管仲就选贤任能、法规订定、经济建设、民众治理、政区划分、奖善惩恶、尊卑礼仪、攻防征战、外交谋略、尊王攘夷、成就霸业等问题侃侃而谈，提出一整套完备周密的计划。君臣一见如故，整整谈了三天三夜。

三天后，齐桓公下令清扫宗庙，自己吃素持戒三天，然后沐浴焚香，设牢祭祀，击鼓鸣钟，群集大臣。仪式过后，齐桓公手拉管仲走到列祖列宗灵前，跪拜祷告说："列祖列宗在上，我小白听了管仲之言，眼睛更亮，耳朵更灵。不敢独享获得人才的喜悦，特将他引告于祖宗灵前。"祭拜毕，齐桓公转过身来对管仲说："请管子辅助我，出任大齐相国。""子"乃

> **历史文化百科**
>
> **〔先秦文官武将帽：解冠、鹖冠〕**
>
> 解冠是楚国的一种冠名，也叫法冠、柱后、獬豸冠，为历代楚王所喜好，因而在楚国广泛流行。这种冠通高五寸，铁柱卷，用缅作展筩。解冠多为文官戴用。
>
> 鹖冠是战国时期武将专用的冠戴。据史书记载，鹖冠"环缨无蕤，以青系为绲"，左右插饰着两根雉尾羽毛，所以人称鹖冠。鹖是一种斗劲非常狠的雉，两只雄鹖相斗时一定斗到其中一只死去为止。武将们敬佩鹖的战斗精神并以此自勉，就用鹖羽作自己的冠饰，当然也包含有向敌方示威的用意。

当时对男子的一种尊称。管仲退后数步，慎重下拜，接受了齐桓公的任命。

齐桓公拜管仲为相，成为中国历史上不拘一格起用人才的典范。管仲也忠心耿耿在齐国推行了一系列改革措施，使齐国强盛起来，齐桓公成为春秋时期的首霸。

管仲拜相

齐桓公即位后，旋即打败鲁国，逼鲁庄公杀了公子纠，献出召忽，召忽殉节自杀。唯独管仲忍辱做了囚犯，被押回国。齐桓公大臣鲍叔牙是管仲的好友，知管仲是一个有才干的人，便竭力保举管仲。齐桓公听从了鲍叔牙的意见，不计前嫌，重用管仲，拜其为相。后来，管仲辅佐齐桓公成就了霸业。此图出自清末石印本《东周列国志》。

○一五

春秋前期，鲁国出现了一位卓越的平民军事家曹刿（guì）。他的军事思想和作战策略，对当时和后世都有很大影响。在战争年代，中国的军事人才辈出，是军事学发展的黄金时期。

曹刿论战

运用士气盛衰的规律，达到以弱胜强的目的。曹刿将一个众所周知的原理，在实战中演绎得如此出神入化。

集群臣商议退敌之计。大臣们皆因怯敌而沉默不语，鲁庄公只得指名向谋臣施伯问计。施伯沉思片刻，说："东乡之野有一隐居高人，名叫曹刿，此人精于兵法阵算，请主公允许臣聘他出山。"庄公同意。

国家危难，隐士出山

齐桓公即位后，鲁庄公想送公子纠入齐，把齐桓公赶下台，曾于公元前685年伐齐，被齐战败。次年，齐桓公为进行报复，发大军向鲁进攻。

齐兵直入鲁境长勺，鲁国朝野震动，鲁庄公召

有民众支持，不妨以弱击强

曹刿随施伯来到宫中拜见鲁庄公，庄公叹气说："漂亮的衣服，好吃的食物，我不敢一人独专，总是分给众人共享，为什么如今抗击齐军，大家却缺乏热情呢？"曹刿说："分享衣食，只是小恩小惠，且仅限于君主身边之人，人民并未分享到，所以难以感动。"庄公又说："祭祀仪典，我从不敢多向百姓索取分毫，为什么不能见信于民呢？"曹刿说："祭祀所需无几，不足以令百姓感受君主诚意。"庄公再问："案子不论大小，有事涉百姓冤情的，我都亲自过问，力争公正处理，难道百姓对我毫无感情吗？"曹刿听到这里，击掌说道："好，凭君主如此仁爱民众、清正治国，鲁国当可万众一心，同强齐一战！请主公允许臣随驾出征。"

鲁庄公让曹刿与自己同乘一辆车，率军来到长勺。布阵完毕，庄公就要下令击鼓出击，曹刿急忙劝止。他向四周观察一番，建议庄公下令全军紧缩阵形、坚守阵地，敌军来攻不得后退半步。此时齐军滞留长勺

长勺之战

公元前684年，齐军攻打鲁国，鲁庄公准备迎战。鲁人曹刿面见庄公，劝其忠信爱民，方可以跟齐国一战。齐、鲁两军在长勺交战，曹刿与鲁庄公同坐一辆兵车，把握战机，一举击溃齐军。鲁庄公问曹刿用的什么战术，曹刿自有一番妙论："夫战，勇气也，一鼓作气，再而衰，三而竭，彼竭我盈，故克之。夫大国难测也，惧有伏焉，吾视其辙乱，望其旗靡，故逐之。"这就是曹刿取胜之道，创造了历史上以少胜多、以弱胜强的著名战例。此图出自清末石印本《东周列国志》。

世界大事记

希腊阿提卡半岛约于此时形成以雅典为中心的统一奴隶制国家。

人物：曹刿　鲁庄公

典故：一鼓作气　曹刿论战

关键词：识才　谋略

故事来源：《左传·庄公十年》《国语·鲁语上》

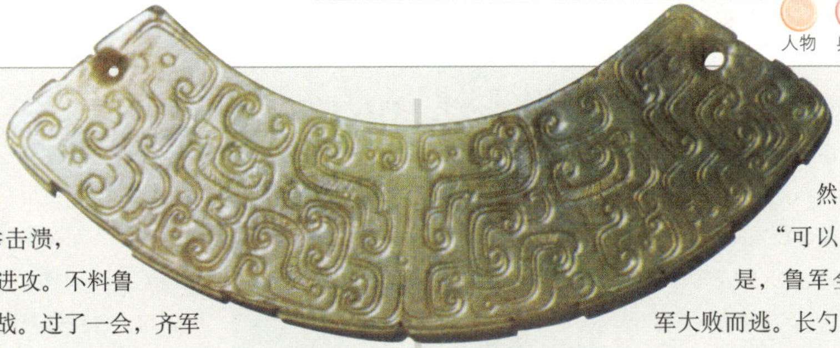

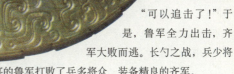

已有旬日，见鲁军终于露面，急欲乘其立足未稳一举击溃，于是命令击鼓进攻。不料鲁军并不出阵迎战。过了一会，齐军再次下令击鼓进攻，无奈鲁军仍然坚守阵地不动。又过了一段时间，齐军第三次下令擂动战鼓，发起攻击。

一鼓作气，再而衰，三而竭

曹刿在阵中听得齐军第三通鼓响，向鲁庄公说："主公，现在可以下令击鼓进攻了！"第三次进攻的齐军将士，以为鲁军依然怯战，不敢出击，只是坚守而已，因此还未交战，齐军斗志已经松懈，队形也已松散。不料此时鲁军阵中突然鼓声大作，旌旗招展，憋足了劲的鲁军将士像决堤怒潮一般，呐喊着向齐军杀来。齐军的队形顿时被冲乱，慌忙急速后退。鲁庄公见状急令全线出击。曹刿说："且慢！"边说边跳下车，仔细察看齐军撤退时的车辙，再登车察看齐军纵深的队形，然后对庄公说："可以追击了！"于是，鲁军全力出击，齐军大败而逃。长勺之战，兵少将寡的鲁军打败了兵多将众、装备精良的齐军。

春秋皮甲胄

春秋时期征战频繁，正如季子对子期所说，各国相互交兵，让老百姓遭殃，道出了春秋时期战争的实质。在战争中，兵士的作用十分突出，为了保护自己，皮甲胄应运而生。这是春秋时期的皮甲胄复原模型，也是春秋时期征战的珍贵历史物证。

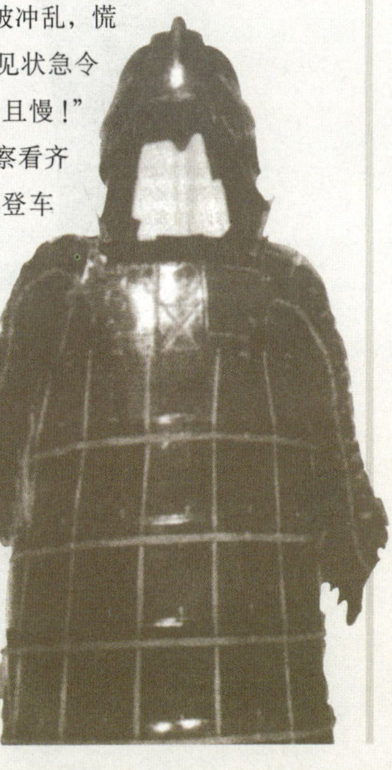

回到曲阜，君臣振奋。鲁庄公问曹刿，为什么三鼓而击，察辙而追？曹刿答："两军对阵，在基本条件相同的情况下，全凭勇气决胜负。第一次擂鼓，士气亢奋；第二次擂鼓，锐气稍损；第三次擂鼓，士气衰竭，已是强弩之末。这叫做'一鼓作气，再而衰，三而竭'。齐军三次擂鼓，士气已竭，而我士气正盛，以强盛之气对枯竭之气，我军占上风是情理中事。齐毕竟是大国，兵多将广，虽被我挫折锐气而败退，但仍须提防他们诈败，伏兵两翼诱我深入。我下车察看其车辙，见毫无章法，可见是仓皇而逃；再登高看其纵深，见其队形混乱，旗幡混杂，完全是溃退之相，所以乘胜追击。"满朝文武听后莫不叹服。

平民出身的曹刿被鲁庄公封为大夫、将军，从此成为鲁国著名的大臣。

春秋早期玉器：鸟兽纹璜（上图）

历史文化百科

〔古代作战的军阵组合：八阵〕

我国古代军队战斗时的排列组合，传说"黄帝设八阵之形"，分别为天阵、地阵、风阵、云阵、龙阵、虎阵、鸟阵、蛇阵。后世又有方阵、圆阵、牝阵、牡阵、冲阵、轮阵、浮沮阵、雁行阵一说。现在能见到的最早记载，见于《孙膑兵法》，其在"八阵"篇中分为步兵三阵、车骑兵三阵、选卒一阵和下卒一阵，临战时因地制宜，分列接敌，有"散而成八，合而为一"之说。

鲁国指挥长勺之战取得胜利的曹刿，其名又作曹沫，曾经在齐鲁会盟时劫持齐桓公，迫使他归还侵鲁的土地。这件事在当时引起很大的震动，《孙子兵法》也曾谈到曹刿的勇敢。

曹沫劫盟

在齐鲁会盟时，鲁国的曹沫以匹夫之勇，劫持齐桓公，迫使其归还侵鲁的土地，成为春秋史上的英雄。

齐桓公以强凌弱，鲁庄公被迫与盟

齐桓公拜管仲为相，整军经武、发展生产、鼓励工商、扶助贫困，又选贤任能，参与地方治理，由是齐国大治，万民归心，数年后，已兵粮充盈。有了这样的基础，齐桓公便采纳管仲"尊王攘夷"策略，开始实施称霸计划。公元前681年，周天子庄王逝世，新天子釐王即位，齐桓公趁吊、贺之机，请旨以天子名义召集诸侯，明订秩序、重整权威。可是王命发出后，遭到秦、楚、晋、鲁、宋等国的抵制，只有陈、蔡、邾等小国怯于齐国的军威如期而至。齐桓公大怒，就挑其中最弱又与齐国接壤的鲁国开刀，兴师问罪。鲁国战败，鲁庄公被迫献遂邑（今山东宁阳县西北）求和，并约定冬至日，在齐国境内的柯地（今山东阳谷

由农具演变的空首布
东周时期，青铜铸币盛行。空首布由农具的铲演变而来，有平肩、斜肩、耸肩三种形式。说明了当时对农具的依伏和重视。

县东北50里阿城镇）举行齐鲁会盟。

所谓"会盟"，实际上是鲁国割地求和。眼看冬至日临近，被迫无奈的鲁庄公面对满朝文武，悲愤不已地说："今天寡人要跨出国界去齐境求和，自我先祖周公受封建国以来，几曾受过如此折辱。这次会上还不知会发生什么事情呢？"群臣闻言，无不唏嘘。将军曹沫哽咽稽首奏言："文臣谏死，武将战死，是臣子的职责。曹沫无能，未能以死卫国，罪责难逃。这次臣要以死保护主公的安全。"曹沫就是那位平民出身因精于兵法阵算被封为将军的曹刿。鉴于曹沫的勇敢奏言，就决定由他陪同鲁庄公前往齐国。

面对腾腾杀气，曹沫毫无惧色

齐桓公对齐鲁柯地会盟非常重视。当时楚国偏居南隅，秦国闭守西陲，中原地区敢于同齐国抗衡的只有鲁国。鲁国的最终屈服，齐桓公一匡天下的目的就可达到，所以早早地就大发徭役在柯地筑起土坛。冬至日这天，天色霁明，司礼官就开始布置。坛上中央置一巨庖，

前683年 公元前683年

世界大事记：雅典废止"王政"，并于次年实行执政官制，由贵族公选，一年一任。

勇敢　机智　宽容　盟誓

尊王攘夷　曹沫劫盟

管仲　曹沫　鲁庄公　齐桓公

《左传·庄公十三年》《史记·齐太公世家》《左传·庄公十六年》

人物　典故　关键词　故事来源

上书天子所赐"方伯"二字。旗杆左边置鼓，右边设钟，旗下陈一祭案，上面摆列着歃盟时使用的朱盘、玉盂等礼器。祭案前面的石柱上系着作为祭品用的白

悠久而发达的冶铜业

铜绿山遗址位于长江中游南岸、湖北省黄石市大冶县城南 3 公里的大冶湖边，遗址面积约 8 平方公里。铜绿山遗址至今已有三千年历史，是我国目前已经发现的年代久远、规模最大、采掘时间最长、冶炼工艺水平最高、内涵最丰富的采矿与冶炼相结合的铜矿遗址，地表积存了约 40 万吨炼铜古渣。在这里发现了 8 座春秋时代的炼铜竖炉，打破了"中国青铜来自西方"的传统说法。图为该遗址出土的木铲、竹筷等炼铜工具。

▷历史文化百科

〔春秋五霸的"会盟"仪式〕

会盟包括会同和盟誓两层活动，地点没有固定，通常是在京师或诸侯国的国门之外，堆土为坛，上建宫室，以邀天子和诸侯前来与会。如晋文公践土之盟前"作王宫于践土"便是。但会盟之地随季节而有变化，春季会于东门，夏季会于南门，秋季会于西门，冬季会于北门。会盟有大小之分，天子、诸侯亲自参加的称为"大会盟"，各派卿大夫为代表参加的称"小会盟"。会盟从相互见面礼开始，接着升坛行献玉帛礼，祭祀宗庙社稷，日月山川礼，最后是盟誓仪式，杀牲歃血，宣读盟书，向神起誓，以示精诚团结，生死与共。然后礼毕。会盟期间，诸侯须依一定的等级缴纳贡品，称之为"盟贡"。接受盟贡的天子或霸主也备有相应不等的回赠。

马、乌牛，杀气腾腾、袒胸露臂的屠夫站立一旁。

鲁庄公迎着凛烈的寒风来到盟坛下面。齐国大夫东郭牙作为礼宾大臣在阶下相迎，厉声说："国君令旨，只许鲁国一君一臣上坛，余者暂息坛下。"鲁庄公见此阵仗，脸色一阵发白，身穿暗甲的曹沫却毫无惧色，扶着鲁庄公拾级而上，与齐桓公、管仲赞礼相见。

曹沫劫盟

公元前 681 年，齐桓公讨伐鲁国，鲁国战败，鲁庄公请求割遂邑以谈和。齐、鲁在柯相会订定盟约。鲁庄公将要订约时，曹沫手拿匕首在祭坛上劫持齐桓公，迫使齐桓公归还侵略鲁国的土地。齐桓公应允后，曹沫丢掉匕首，北面就臣位。齐桓公想反悔，管仲提醒他不要背信弃义，而在诸侯中丧失信誉。于是齐桓公将三次战争侵占来的土地还给了鲁国。曹沫从此被后世推为侠客之祖，可谓：三败羞颜一日洗，千秋侠客首称曹。此图出自清末石印本《东周列国志》。

庚封手曹齐劔沫

最早的人工冶铁制品：铜柄铁剑
甘肃灵台地区出土的春秋时期的剑，剑柄、镡相连，均用青铜铸成，有对称纹饰，剑叶铁质，全部锈蚀，有丝织物包裹的痕迹。这是中国迄今发掘出土的最早的人工冶铁制品之一。

抽出暗藏匕首，敢以弱躯求公道

三通鼓罢，司仪开始焚香设祭，齐桓公、鲁庄公对香案行礼。屠夫刺杀牛马牺牲，齐大夫隰朋以玉盂盛牺牲血，跪请两国国君行歃血礼仪。正在此时，陪伴在鲁庄公身旁的曹沫突然一步跨上，左手扯住齐

春秋早期玉兽面纹饰

桓公的衣袖，右手抽出暗藏的匕首，对齐桓公怒目而视。齐国君臣见状大惊，但武士都站在远处，祭案前只有陪祭的管仲。管仲怕伤了齐桓公，急步上前用身子挡住齐桓公，厉声喝问："将军想干什么？"曹沫说："两国会盟，公道为先。现在齐国恃强凌弱，夺我遂邑之地，又陈兵迫我就盟，请问公道何在？"曹沫顿了顿，又义正辞严地说："今天，齐君还我侵地，我便放手，不然的话，在下只能以七尺之躯求取公道两字！"管仲脑子飞快转了一下，立即对齐桓公说："主公，可以答应。"齐桓公说："请曹将军放手，我答应就是。"曹沫这才收回匕首，从隰朋手中接过玉盂，跪请鲁庄公、齐桓公歃盟。

盟仪结束，齐桓公愤恨不已，想要杀掉曹沫，收回还地的允诺，管仲劝谏说："不妥。如果天下人知道大王被劫而许盟，歃血后又背弃，以后如何取信于诸侯，成就称霸大业？"听了管仲的分析，齐桓公觉得很对，忙下令依礼接待鲁庄公一行。次日，又亲设国宴为鲁庄公送行，所夺城邑一并归还。

齐鲁会盟的消息传出后，各国诸侯敬仰齐桓公的信义，纷纷遣使请求缔结盟约。公元前679年春天，继蔡、郑、鲁国之后，宋、陈、卫、郑等国也与齐桓公会盟于鄄（ juàn ），即今山东鄄城县西北。这是历史上齐桓公第一次称霸。这次称霸能以和平的方式实现，可说是曹沫的勇气、管仲的智慧和齐桓公的理智三者的结合。

前677年 公元前677年

世界大事记 亚述夷平腓尼基，置为行省。

〇一七

《史记·鲁周公世家》
《左传·闵公元年》

庆父不死 鲁难未已

恶行 残忍

庆父 季友

人物 典故 关键词 故事来源

鲁庆父之难

在鲁国王权的争夺过程中，庆父为了达到自己的目的，接连弑杀两位国君，导致鲁国实力的衰落。

庆父是鲁庄公同父异母的长弟，生性暴虐淫乱，为夺取君位，曾多次派人杀害国君，使全国上下人心惶惶，不少公室贵族逃奔他乡。多年来，庆父把鲁国推向灾难的深渊。庆父已经成为制造内乱的典型人物、罪魁祸首，历来流传着"庆父不死，鲁难未已"的成语，可见他的影响之大和祸乱之深。

为争君位杀掉公子斑

鲁庆父之难发生在鲁庄公末年。鲁庄公先娶齐女为夫人，名叫哀姜。哀姜没有生儿子。哀姜的妹妹叔姜生了一个儿子叫开。庄公又爱上本国党氏女孟任，许诺让她为夫人，孟任割破手臂，与庄公立下盟誓。孟任生一个儿子叫做斑。庄公十分喜爱孟任，因此想让她的儿子斑作为君位的继承人。

庄公临死前，向他的几位兄弟征求意见，到底该立谁继承君位？庄公先问叔牙，叔牙与庆父是同母的兄弟，并且两人是一党，他们与庄公则是同父异母。叔牙于是就推举庆父做继承人。庄公发现他们有篡国阴谋，便赶快把拥护自己的另一个弟弟季友召来商议。季友表示愿意拥立斑，并以自己的性命作担保。庄公就把叔牙的想法告诉了季友。当时，季友是鲁国的上卿，执掌鲁国的政权。于是他以庄公的命令作为理由，

让叔牙等待在鲁大夫针巫氏家中，派针季强迫叔牙喝下毒酒。季友当时威胁叔牙说："喝下此酒，你有后代祭祀，否则你死了连后代都没有。"叔牙喝下毒酒便死去，鲁君立他的儿子为叔孙氏。

庄公去世后，季友拥立公子斑为国君。但是，季友虽然杀了叔牙，却没能把庆父除掉，留下了祸根。庆父以前就与哀姜私通，本来就想拥立哀姜妹妹的儿子开，所以公子斑当上国君不到两个月，便被庆父派养马人荦把他杀了。季友也被迫逃到陈国去寻求保

风格多样的铜器铭文

春秋时代诸侯割据，学术端绪纷繁，这一时期铜器铭文也异体朋兴，千姿百态，蔚为大观。黄河下游的齐、鲁、中山、徐、许等国盛行细长之体，文字繁简并用，书法清新秀丽。南方诸国铜器铭文也曾流行修长的书法，但风格多有不同，或故作弧曲，书写展舒，或书写随意，渐开草篆之端，或笔道刚劲，工整隽秀。春秋末年，吴、越地区发展了一种鸟虫书，以鸟兽虫来装饰文字首尾，奇诡多变，代表作有越王勾践剑等铭文，这种书体一直流行到战国初期。图为鲁伯大父簋、鲁伯厚父盘铭文。

鲁国贵族餐桌上的用具：厚氏元盘

鲁大司徒厚氏元所造盛食的器皿。直口浅盘，平底。盘上有盖，盖形如绽放的花朵，既便于握持，又美观大方。器身饰以变体蟠虺纹，盖的花形部位和盘下的圆足有透雕纹饰。盖器对铭，表达长寿无疆、子孙后代永宝此器的祈望。

护。随后，公子开就被庆父立为国君，即鲁闵公。

作恶多端引发众怒

闵公当上国君后，庆父与哀姜私通益甚，他们想谋杀闵公而立庆父为君。同时，闵公为寻求帮助者，通过齐桓公把季友请回国。不久，齐国派大夫仲孙湫到鲁国表示慰问。庆父与季友本来就势不两立，闵公

请季友回国，庆父自不会善罢甘休。所以，仲孙湫回到齐后对齐桓公说："不去庆父，鲁难未已。"意思是说若不杀死庆父，鲁国的动乱就不会结束。第二年八月庆父果然又使卜齮袭杀当上国君不到两年的闵公。季友又被迫带着闵公的庶兄公子申逃到邾国去避难。

庆父弑杀国君的行为，在鲁国引起轩然大波，朝廷上下纷纷责骂，连诸侯国也逐步疏远鲁国。在内外不利的形势下，庆父知道自己接连杀死了两位国君，罪恶深重，恐怕有人会诛杀他，于是出逃到莒国，寻求帮助，以便能躲过劫难。季友便乘机回到鲁国，拥立公子申为国君，这就是鲁僖公。随后，季友用财货贿赂莒国，要求捕杀庆父。庆父被迫回国，季友派人去杀庆父。庆父请求让他出国亡命，没被接受。季友派大夫奚斯哭着前去转告庆父。庆父听到奚斯的哭声，知道未得宽恕，就自杀了。

鲁国历史上最严重的祸乱

庆父之难，几乎使得鲁国的社稷倾覆。自从庄公去世后，庆父淫乱专横，不到两年，就弑杀两位国君。这时的鲁国实在衰乱到极点，齐桓公甚至想乘乱消灭鲁国。整个春秋时期，鲁国贵戚发动的祸乱，没有比庆父更厉害的。

> ⟩历史文化百科⟨

〔古时服劳役者：役徒、胥靡、赭衣〕

春秋战国时期服劳役的包括三种人：仆役、士卒和门人弟子。"役徒"则专指服役者，管役徒的官称"役司马"。在役司马的指挥下驱赶役徒从事各种繁杂的劳动，如上山伐木、砍柴，去军中服杂役，修路筑桥及为王侯营建宫室等。逃避徭役的人称"匿徒"。

胥靡是犯罪之后被绳索牵连在一起服苦役者的称谓。另外，奴隶和一无所有的贫民也称胥靡。

赭衣是罪人的别称。当时被判罪服刑的人都得穿上赤褐色的囚徒服，成为一种特殊标志。

前677年　公元前677年

世界大事记　亚述征服埃及。

〇一八

《左传·庄公三十年》
《史记·齐太公世家》

仁义　德政
齐桓公　管仲
分沟礼燕

人物　典故　关键词　故事来源

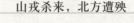

齐桓公为建立霸业，提出"尊王攘夷"的口号：要求各诸侯国尊重周王，团结起来，抵御戎狄蛮夷等少数族的侵扰。在北方，他帮助燕国击退山戎的侵犯，还以礼割与燕国土地，因此而赢得广大诸侯的信从，一时传为佳话。

分沟礼燕

救人于危亡，予人以尊严，燕庄公热泪盈眶，齐桓公不愧"霸主"名号。

山戎杀来，北方遭殃

春秋前期，分布于我国西部、北部和东北地区的戎族开始强盛，灭亡了西周后，进一步向中原渗透，给中原诸侯国，尤其是北边的几个国家，形成巨大侵害。公元前664年秋天，北方山戎再次南下，数万铁骑攻进燕国，烧毁房屋，杀死老人和敢于抵抗的男子，将妇孺和粮食、盐巴、玉帛等全都掳回北方。苦苦死守了三个月的燕庄公难以支持，于绝望中派快马冒死突围，向"方伯"齐桓公求救。

齐桓公觉得事情很不好办，因为中原军队主要由车、步兵组成，戎族全为骑兵。行动迅捷，冲击力强。齐军越境出击，辎重庞大，行动尤为不便。因此一时难于决定，召来管仲密议。管仲想了想，对齐桓公说："主公以'尊王攘夷'号令天下，称霸诸侯，内靠实力，外靠信义。今燕国求救，若不救援，信义顿失，称霸大业岂不随水东逝？今日出兵虽有险阻，但燕戎交战已三月之久，双方都已疲惫，我全力出击，可操胜算。"听了管仲的分析，齐桓公疑虑顿消，决定亲自统率，举倾国之兵与戎军决一死战。

运筹帷幄，决胜千里

蹂躏燕国三月有余的戎兵整日寻欢作乐，早已失去斗志。听说中原方伯齐桓公率倾国之兵赶来援燕，纷纷卷起抢掠来的财物解围而去。燕庄公绝处逢生，喜出望外，率领满朝文武出城迎接齐桓公。管仲乘

铸有文字的货币空首布

空首布主要铸行于春秋时期的周、晋、郑、卫、宋等国。其形制主要有平肩、耸肩、斜肩三种类型。长銎上端多有一个三角形星，其下一穿孔。其布身大都铸有一字，也有四字的。内容多为记地名、吉语、数字等，开创了货币文字有地名的先河。

中国大事记

秦穆公任好即位，任用"五羖大夫"百里奚等辅政，辟地千里，成为西戎霸主。但被中原各国视为戎狄，不得参与盟会。

隰对桓公说："据探子报告，戎主性格残暴，周边被胁小部落都有离叛之心。如若齐燕合兵，趁其兵力分散、人心离析之际，全力追击、直捣巢穴，定可歼其实力，以绝后患。"齐桓公一听有理，连夜与燕庄公商议，依计实行。此时，抢得大量财物而归的戎主，忙于思考如何瓜分、怎样享用，根本没料到齐桓公会以全部精锐衔尾追来，仓促应战，屡战屡败，又因分赃不均，部属纷纷离散。齐兵紧追不舍，连克令支（今河北迁安

分沟礼燕

北方山戎入侵燕国，形势危急，齐桓公接到求救信，亲率大军北征，和燕军密切配合，打败了山戎。齐桓公回国时，燕庄公恋恋不舍，送了一程又一程，不知不觉地走出了燕国的边界，进入了齐国境内。齐桓公察觉后，就根据周王关于诸侯送诸侯不能出自己国境的规定，把齐国边境几十里内的土地割让给燕国。燕庄公激动得热泪盈眶，加入了以齐桓公为首的政治集团。齐桓公"尊王攘夷"的政策大获成功。此图出自清末石印本《东周列国志》。

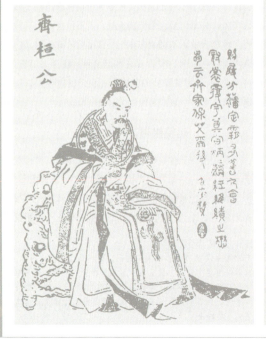

宋景公之妹所用的扁鼓

扁鼓的外壁底色髹黑漆，鼓面内圈为三条朱绘夔龙，曲身卷尾，外圈是红黄交扭的绳纹，整体彩绘黑底朱色，色泽醒目，图形构思设计具有较高的艺术水准。根据同出铜器上的铭文，可知墓主人是宋景公的妹妹，大约卒于公元前5世纪初。这些乐器，应是这位王妹生前拥有的乐队所使用的。

市西）、孤竹（今河北省卢龙、滦县一带），大胜而还。

诸侯相送，不出国界

齐桓公的援助，不仅使燕国避免了亡国之祸，救回了被俘的百姓，还为之开拓了疆域。感恩戴德的燕庄公送齐国君臣回国，送了一程又一程，不经意间已进入齐境。齐桓公坚请燕庄公回驾，说："礼制规定，非天子，诸侯相送不出国界，寡人不可以无礼于燕。"于是吩咐就地划沟为界，割燕君所至之地归于燕国。

齐桓公还嘱咐燕君要实行西周初年召公的善政，向周王纳贡，如成康时期那样。齐桓公如此兢兢业业地帮助和礼遇诸侯，使他的声望越来越高。

> **历史文化百科**
>
> 〔古代九种见面礼中最恭敬的一种：稽首〕
>
> 稽首是古代的一种跪拜礼。那时人们席地而坐，在公共场合或一般交往场合，地位低的人大多双膝着地，臀部靠坐在自己双脚后跟上。行礼时，身体前倾，拱手于地，左手按在右手上，额头慢慢点到手前地面上，稽留一段时间。稽首礼大多见用于臣子谒见君主之时，是当时礼仪所设定的九种跪拜礼中最恭敬的一种。（九种跪拜礼依次为：稽首、顿首、空首、振动、吉拜、凶拜、奇拜、褒拜、肃拜。）

公元前668—前626年

前668年
前626年

世界大事记

亚述国王亚述巴尼拔在位。

《左传·庄公二十八年》
《左传·闵公二年》
《史记·晋世家》
《国语·晋语二》

骊姬　申生　晋献公

冤狱　狡诈　善行

人物　关键词　故事来源

〇一九

申生之死

生在王侯之家，带给他的只是耻辱与苦难，人品高尚的晋太子在"后母"骊姬的阴毒逼迫下只能自杀以殉。

申生原是晋献公所立的太子，但自从晋献公攻打骊戎，获得美女骊姬后，即鬼迷心窍，神魂颠倒。当骊姬生子奚齐后，晋献公即欲废太子申生，而立骊姬为夫人，奚齐为太子。申生在骊姬的谗言和诡计折磨下，被迫自尽。这是一个生父娶了后母虐待前妻之子的古老故事，其中献公的昏庸暴虐、骊姬的心狠毒辣和申生的温厚善良跃然纸上，读来犹感人至深。

献公获得美女骊姬

晋献公原有一妻两妾。妻未生育即病死，两妾各生一子，分别取名重耳、夷吾。但晋献公最宠爱的却是他父亲武公的小妾齐姜。两人乱伦，生下一子名申生。晋献公立齐姜为夫人，申生即以嫡出身份立为太子。不过齐姜短命，申生很快成了没娘的孩子。

晋献公即位第十一年，发兵攻打陕西骊戎，骊戎战败，献上美女骊姬、少姬求和。晋献公一见，顿时着迷，尤对艳光逼人的骊姬宠爱至极。不久，骊姬生下一子，取名奚齐，少姬也生一子取名卓子。骊姬不仅貌美如花、体轻如燕，且工于心计，深谙讨乖取巧的门道，晋献公对她言听计从。久而久之，竟萌生了立骊姬为夫人，立奚齐为太子的念头。

买通宠臣赶出太子

晋献公内宠骊姬，外宠佞臣梁五、东关五和一个名叫施的优俳。这优施年少俊美，善于察言观色，整日跟随献公出入宫禁，一来二去竟与骊姬勾搭成奸。一天，骊姬问优施如何才能挤走申生，让她母子得继权位。优施说："申生为人矜持自重，追求高尚品行，这种人最受不了坏名声的攻击。如能设法把申生及重耳、夷吾调出京城，再离间他们同君王间的父子关系，事情就成了一半。另外，废立之事乃国家大计，无外廷大臣援助难以实现。君主所宠的'二五'都是趋炎附势的弄臣，夫人如肯屈尊，以金帛甘言结交他们，还怕不为夫人所用？"骊姬听了十分高兴，忙取出一包珍宝，让优施依计而行。

梁五、东关五早就知道晋献公对骊姬言听计从，只苦于无人接引，今见以珍宝相赠，喜出望外，立即指天画地，表示愿意效忠。次日上朝，梁五上奏说戎狄扰境，边民惊慌，如不派重臣镇守，将于国不利，建议太子申生出都坐镇曲沃，重耳、夷吾分别主持蒲地和二屈。晋献公原已有嫌弃申生之意，便欣然同意。

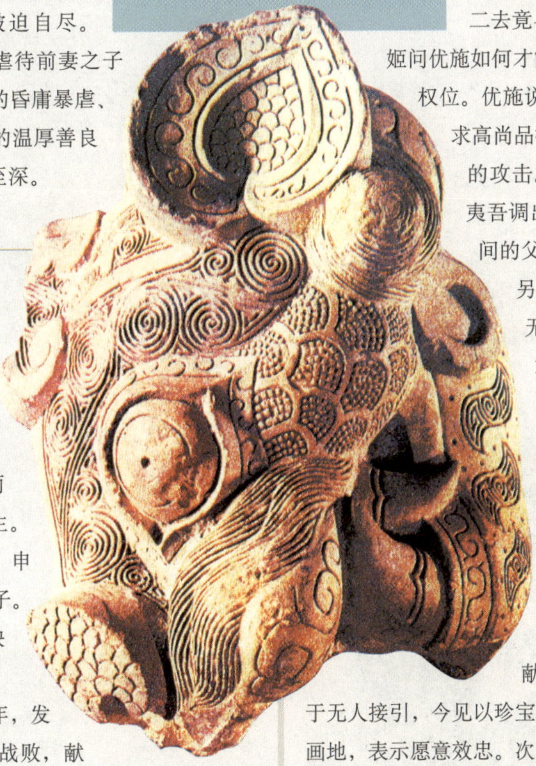

精美的陶范（上图）
陶范是青铜器制作的模具。兽头陶母范出土于山西侯马，这里曾是古代晋国的都城，在这里出土了大量精美的铸铜陶范。兽头陶范铸造精美，式样古拙，是陶范中的佼佼者。

公 元 前 6 5 6 年

中国大事记

齐桓公率齐、鲁、陈、卫、郑国联军讨伐蔡国、楚国。楚王求和，双方盟于召陵。

设计陷害，手段毒辣

申生在曲沃仁政爱民，百姓远悦近来，朝中大臣多有赞誉者。骊姬听后，心生一计。一天晚上，骊姬对献公说："太子勤政辛苦，君王似可宣召犒劳，以示慰问。"献公依言下诏，申生回京先拜见献公，再入宫

清人绘春秋医药家医和像

医和是春秋时期秦国的著名医家，曾以天人一体、阴阳相生相荡的理论论述疾病，开创了中医理论。他提出的阴、阳、风、雨、晦、明失和治病说成为后世风、寒、暑、湿、燥、火六气病因说的滥觞。周景王四年(公元前541年)，在应聘为晋侯诊病时，医和指出其并不是由于鬼神作祟，而是由于沉溺女色所致，继而提出了著名的天气治病论，从理论上否定了巫的鬼神致病观。图为清代人绘制的医和像。

申生之死（上图及右页图）

公元前672年，晋献公攻伐骊戎，将骊君女儿骊姬及其妹妹掳为妻子。骊姬深得献公宠爱，被立为夫人，生子奚齐。骊姬想立奚齐为太子，利用自己有利地位说太子申生、公子重耳和夷吾的坏话，于是，献公把三位公子赶到了外地。公元前656年，太子申生从曲沃向晋献公献上祭肉，骊姬派人在祭肉中投毒诬陷申生，并说重耳和夷吾参与了毒死献公的阴谋。献公决定杀死三个儿子。申生为人懦弱，被逼在新城自杀，重耳和夷吾先后出逃，奚齐被立为太子。上图出自清末石印本《东周列国志》。右页图出自明刊本《古列女传》插图。

参见骊姬。骊姬设宴款待，连续三日。第三天晚上，骊姬故意背卧而泣，献公惊问何故？骊姬迟迟不言，献公再三追问，骊姬才开口道："太子无礼，乘醉调戏臣妾，并说：'想当年祖父年老，无法亲近我母亲，于是父君成了我的父亲。现在情况不正相似吗？'"晋献公一听揭了他的老底，不由恼羞成怒，骊姬见献公中计，又补充

说："君王如不信，不妨令臣妾明天陪太子游园，便可一目了然。"第二天，骊姬陪申生同游后花园。预先将蜂蜜暗涂在头发上，引来蜂蝶纷纷，骊姬对申生说："请太子帮我赶赶这些蜂蝶。"申生不知是计，就用袖子去赶，骊姬乘势靠在申生身上。晋献公在假山后望见这个情景，怒火万丈，决意要杀申生，骊姬假意跪下求情说："如以此罪杀申生，传扬出去，臣妾如何做人？"申生方免一死。他不知内中情由，隔日便辞别献公返回曲沃。

过了不久，晋献公带领人马外出打猎。骊姬见机会来了，就以晋献公的名义发信给申生，说："寡人梦见齐姜饥寒交迫，你代寡人去齐姜祠祭奠，祭毕将祭胙送来。"申生接信照办了。骊姬暗将剧毒的鸩和乌

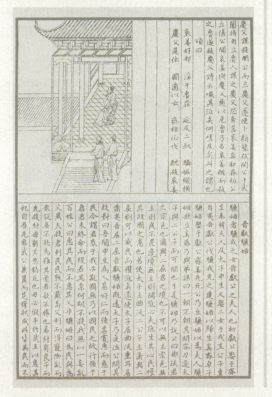

头掺入酒和胙中。献公出猎归来，听说申生送来了祭胙，就吩咐取来食用。骊姬佯装不知，说："酒食从宫外来，按规定须试过再用。"献公称是，随手向地上倒了点酒，不料一阵白烟，着酒处地皮隆了起来。献公大惊，忙叫过一条狗来，割下一块胙肉给它吃，狗吃完就倒地死去。骊姬又从外面叫进一个小内侍，令他吃上几口酒、肉，一会儿便七窍流血而死。献公见此情形，先是吓得呆如木鸡，继而大发雷霆，立即下令"二五"率兵前往曲沃捉拿申生。

只为忠孝，自杀身亡

消息传到曲沃，申生的老师杜原款跌足叹道："都是我不好！我只教导太子要做正直、仁厚之人，却没教他如何躲避陷害！"侍从们劝申生快逃。申生说："忠孝是为人的大本，我若逃走，是对父君不忠；我若将实情宣扬于天下，是为不孝。不忠不孝，我还活着有何意义？不如就此一死，既可保住父君名声，事后世人也定会还我清白。"说罢上吊自杀了。

骊姬害死了太子，又要将计谋对准重耳、夷吾。两人情知不妙，分别逃到北狄和梁国去了。

历史文化百科

〔贵族服饰中的三款标志：玉佩、容刀、香囊〕

古代礼制中有"君子必佩玉"的说法，所以贵族为标志其特殊身份，男男女女都佩有玉饰，而且往往不止一块，行走时佩玉碰击，发出叮当悦耳的声音。玉佩又有环、玦等不同形制。容刀即为佩刀，刀柄刀鞘都极尽装饰之华丽。战国后期，为防刺客，某些诸侯王规定臣子上朝不得携带兵刃，贵族的佩刀便制作成有刀形而无刀刃的纯装饰物，徒具其容，所以别称"容刀"。当时的贵族除了佩玉和容刀外，还喜欢在腰际挂上一个香袋，里边放置香草或香料，起先叫"容臭"，后来叫"香囊"。尤其是未成年的少男少女，身上都佩有香囊。

中国大事记 《左传》首次记载日南至（冬至），公元前522年（鲁昭公二十年）又记一次，间隔133年；记闰月48次，失闰一次，共计应为49次，这就是有名的19年7闰的方法，比欧洲用这一历法早160—170余年。

〇二〇

挖邻国人才

邻国有贤臣，对本国显然不利。秦穆公朝思暮想、用尽心机，使西戎王冷落由余，最后归入自己麾下，助秦国拓地千里，立下不世功勋。

西戎王仰慕中土文物

春秋时，关中地区的西边居住着一个叫"戎"的游牧民族，他们分成各个部落散居在中原各国的北边，文化比较落后，时间长了，便对中原各诸侯国的文物制度产生了浓厚的兴趣。公元前625年，戎王听说秦国很强大，就派心腹大臣由余到秦国去修聘和考察，希望把富强的制度和经验引入戎族。

由余谈治国之道

这由余原本是中原晋国人，后因故逃亡戎地的。他来到秦国后，秦穆公热情地接待了他，引他参观秦国的宫室、库藏、城邑和街市。通过交谈，发现这位戎族使者竟是位知识非常渊博的人，就向他请教："寡人常听说古代贤王的事迹，但对他们为何而兴，又因何而亡的原因想不透，请先生有以教我！"由余说："臣以为兴亡的关键在于节俭和奢侈，节俭的君主得到诸侯拥护，

秦穆公重用贤人由余

公元前625年，在秦国强大的军事压力下，戎人开始与秦国合作，戎王派使者由余到秦国。秦穆公看中由余的才干，听从内史廖的建议，采取离间计，决心留下由余。穆公给戎王送去女乐，一年之后，穆公才让由余回国。这时戎王迷恋于女乐，根本听不进由余的劝谏。由余大失所望，只好回到秦国，一心一意辅佐秦穆公。秦穆公采取由余的计策，攻伐西边戎族的小国，先后灭掉了十二个国家，开拓疆土千余里，秦穆公终于称霸于西方。此图出自清末石印本《东周列国志》。

獲陳寶穆公證夢

记载秦国君主业绩的秦公钟

宋代《考古图》著录一件春秋时代秦国国君的青铜钟，早已失传。陕西宝鸡太公庙村出土五件秦公钟，学者认为均系秦武公所铸。五件钟的形制相同，仅大小有别，花纹也一样，钟身主要饰凤鸟纹与菱纹。五件钟均有铭文，共135字，记载秦公歌颂先祖立国和赞颂自己讨百蛮的战功。

> 历史文化百科 <

〔"经天纬地"的出典〕

"经天纬地之才"是古人用以赞扬某位明君或贤臣才能杰出的政治术语。从古人"天六地五"的观点出发，他们认为天有六气：阴、阳、风、雨、晦、明；地有五行：金、木、水、火、土。以六气为经，以五行为纬，臻天下于大治的堪称经天纬地，并由此衍生出"象天、仪地、和民、顺时、供神"的五项施政原则。

世界大事记

埃及法老普萨美提克一世在位。

秦穆公
由余

识才
谋略

《吕氏春秋·韩非子·十过荀》
《史记·秦本纪》

人物　关键词　故事来源

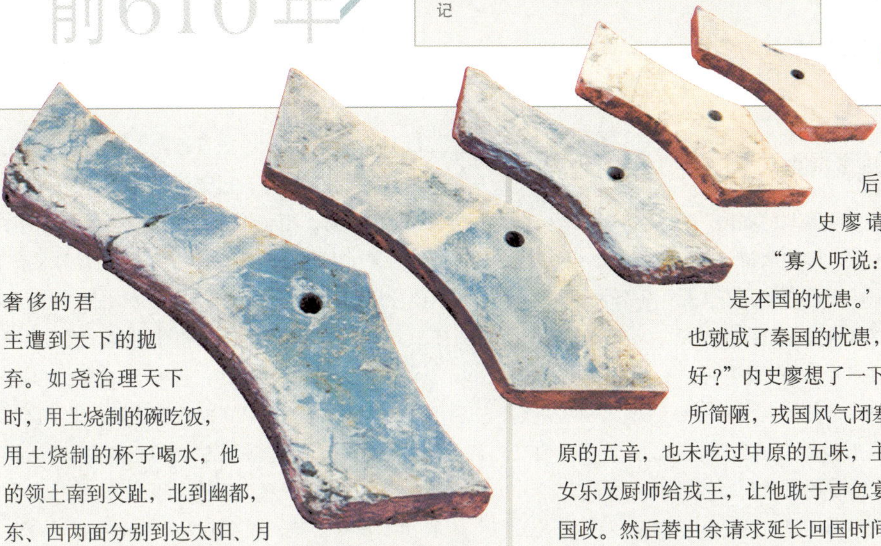

奢侈的君主遭到天下的抛弃。如尧治理天下时，用土烧制的碗吃饭，用土烧制的杯子喝水，他的领土南到交趾，北到幽都，东、西两面分别到达太阳、月亮升起和落下的地方，没有哪个诸侯不屈服。舜治理天下时，制作饮食器皿，砍伐山上树木，先用刀、锯削割成器，再把削锯的痕迹磨光，还要在上面刷上漆和墨后再使用。诸侯便认为他已奢侈起来，不服从的诸侯国就有了十几个。禹取得天下后，开始在祭器外面涂上黑色的墨，用红色的朱砂描画内壁；用素色花纹的丝绸做车垫；草席四周饰以斜纹的边；觥、斝等酒杯、酒勺也画上彩色的花纹，而樽、俎等酒具食器上更满布装饰。与舜相比，禹更奢侈了，因而不服从的诸侯国增加到了三十几个。夏之后是商，商王给自己制造了天子乘坐的高级车子大辂，树起了有九条飘带的旗帜，饮食器具都经过精雕细琢，觥、斝等酒器无不经过精心雕刻，墙壁涂成白色，台阶上的空地用白垩土装饰，车上的垫子、席子都镂出花纹，这样更加奢侈了，因此不服从的诸侯国多达五十几个。由此可见，为王者越是奢华，反对他的诸侯越多。所以臣以为节俭是兴邦治国的根本原则。"

以腐化为手段

一席话，听得秦穆公佩服之至，自己想了那么多年没想透的道理，由余几句话就说得明明白白，真是闻所未闻啊！赞叹之余，心中不由对由余产生了敬慕之情。由余走后，穆公就把内史廖请来，对廖说："寡人听说：'邻国有贤臣，是本国的忧患。'由余就是贤臣，也就成了秦国的忧患，你看怎么办才好？"内史廖想了一下，说："戎王住所简陋，戎国风气闭塞，从未听过中原的五音，也未吃过中原的五味，主公不妨送几名女乐和厨师给戎王，让他耽于声色宴乐，搅乱他的国政。然后替由余请求延长回国时间，乘机将他扣留下来，使其君臣间产生隔阂，这样，我们就可打由余的主意了。"秦穆公觉得这个主意很好，就派内史廖带着十六名歌女乐伎和几名高级厨师去送给戎王。

拓地千里，一举成霸

戎王见了十六名妙龄歌女不禁目迷神夺，吃了高级厨师烹制的佳肴，更是乐不可支，整天神魂颠倒，饮酒作乐。搭起的华丽帐篷再也不愿拆掉，整整一年没有迁居，牛羊老呆在一个地方因缺乏水草死了一半。秦穆公见第一步目的已经达到，就放由余回去。由余回去后屡次向戎王劝谏，可过惯了安逸享福日子的戎王再也不愿恢复过去的那种逐水草而居的原始生活，对由余的劝谏不理不睬。由余见自己再也呆不下去了，就离开戎王来到秦国，秦穆公亲自迎接由余来归，拜他为上卿，向他了解戎王的兵力和戎地的地形，然后发动对戎地的进攻，先后吞并十二个国家，拓地千里，一举成了西戎地区的霸主。

诸侯典礼上的打击乐器：石磬（上图）
这套春秋时代的石磬出土于陕西凤翔的秦国某王公墓中。磬是古代的一种打击乐器，用玉或石雕制而成。按照当时的礼制，只有天子举行的典礼上才能用玉磬，诸侯则只能用石磬。

〇二一

五羖大夫

学富五车，怀才不遇，妻离子散，沦落为奴。秦穆公闻讯而动，用五张公羊皮换回了栋梁之材，秦国从此成为西戎霸主。

英雄多磨难

地处今山西平陆县北的虞国，有个名叫百里奚的人，学识渊博，却家境贫寒，三十岁才娶上老婆，不久生下一子，日子更加难过，只得告别妻儿出门闯荡。妻子杜氏杀了家中唯一的一只鸡，取出仅剩的一点小米，给丈夫饯行。临别时拉着百里奚的衣袂，含着泪对他说："富贵了，别忘了咱娘俩！"

百里奚向东来到齐国，想找齐襄公谋个事，但人地生疏，无人引见，结果流落街头，只能以乞讨为生。四十多岁时，又辗转来到宋国，一个偶然的机会结识了同乡隐士蹇（jiǎn）叔。蹇叔先介绍他为人放牛，时间长了，觉得不能这样埋没了他，就陪他回虞国投奔当大夫的朋友宫之奇。百里奚回到阔别多年的家，只见蒿草满院，触目荒凉，街坊说，杜氏贫极不能自给，久等你不归，只得带着孩子走了。百里奚此时真是悲痛欲绝，好在终于在宫之奇的引荐下，在虞公处谋了个差事。公元前655年，晋献公假途灭虢，回头把弱小的虞国也灭了，百里奚也随着虞公当了晋国的俘虏。

贤臣不事二主

晋献公甄别俘虏时，发现百里奚学识超群，想起用他做官。百里奚认为

虞国被灭、国君被俘，是臣子的过失和耻辱，自己宁可为奴，不能背主做官，拒绝了晋献公的好意。这一年，秦穆公让公子絷（zhí）来晋国求亲，晋献公答应将大女儿嫁给他。献公觉得百里奚是个靠得住的人，就让他当了陪嫁的奴仆。两鬓花白的百里奚随着出嫁的队伍向关西进发，想想自己胸罗济世之才，却命运多舛，临老还沦落异乡为人作奴，越想越懊恼，于是乘人不注意逃走了。

百里奚离秦走宛，在今河南邓州市附近被楚国兵抓住，怀疑他是奸细。他谎称是放牛的。于是就命他放牛，幸亏百里奚放过牛，有经验，不久，他放的牛全都膘肥体壮。楚人就向楚成王报告，楚成王说："既是人才，就要发挥更大的作用，马比牛重要，让他放马。"这样，百里奚又被派去放马。

放马的逃犯

公子絷迎亲回到秦国，秦穆公对照名单，发觉少了个百里奚，就让人去打听此人是谁。不久，打听的人回来报告：百里奚有经邦治国之才，一生坎坷，未遇明

合瓦形编钟

仰子受钟1990年出土于河南淅川县丹江口水库西岸徐家岭二号墓，共有九件。此套钟形制纹饰相同，钟体为合瓦形。此钟的钲部及鼓部均铸有铭文。铭文中讲仰子受是在"亡祚东鄂"的情况下铸此编钟，并称此套钟为"歌钟"。

前664年
前551年

公元前664—前551年

世界大事记

埃及第二十六王朝。

《史记·秦本纪》　识才　逆境　机遇　百里奚　秦穆公　五羖大夫

人物　典故　关键词　故事来源

百里奚养牛拜相

秦穆公的称霸是从招贤开始的。虞国人百里奚家境贫寒，帮人养牛为生。晋国灭亡了虞国后，百里奚沦为家奴。晋献公的大女儿嫁到秦国去时，把百里奚作为陪嫁奴隶。百里奚伺机逃到了楚国，秦穆公听说他很有才德，就派人用五张公羊皮赎回百里奚。秦穆公和百里奚谈了三天三夜，更觉得他是难得的治国之才，就把国政交给他，号曰"五羖大夫"。百里奚又推荐了蹇叔，秦穆公任命蹇叔为上大夫。百里奚和蹇叔成为秦穆公左右宰相，为秦国发展做出巨大贡献。此图出自清末石印本《东周列国志》。

主，又死守臣节，不愿为晋献公所用，最终陪嫁为奴，半路逃跑后，现在楚国放马。秦穆公一听，不由眼睛一亮。当时的秦国，东遭诸侯挤逼，西受诸戎压迫，加之民气闭塞、人才稀缺，早就想招纳贤才来协同治理国家，找来找去找不到合意的人，如今有此人才，实在是苍天对秦国的眷顾，怎能坐失呢？秦穆公赶忙召手下商议，打算用厚礼去把百里奚赎回来。大

春秋铜鼎的新风格

商周青铜鼎中有圆形三足的，也有方形四足的。无论是圆形方形，鼎口有流的却较少见。这件原为北大考古系旧藏的春秋铜鼎则一反常态，在宽扁的口沿上斜向伸出了一支流，使煮食的鼎自身又有了倾倒羹汁的功能。

▷历史文化百科◁

〔知识赋予他们独立人格：先秦时期的士〕

学界人士认为：周灭商后，提出了"敬天保民"的思想，"选贤任能"成为这一思想的重要内容。西周选士包括乡遂选士和诸侯贡士，一年一次，三年大考。这些士不得僭入贵族阶层。春秋前期士的特点为：1．受宗法制支配，以宗法原则别亲疏；2．皆为武士；3．能任官，担当一定职务；4．享有受教育的权利；5．能受封，有土地，占有少量奴隶。春秋后期宗法制动摇，庶人工商势力抬头，士的成分发生变化，出现了"弃亲用羁"的政策。羁客（士）与主子没有宗法关系，只能通过给予一定的名位、授予一定的职务而羁留使用，于是出现了"士为知己者死"的精神，出现了"良禽择木而栖，贤臣择主而事"的说法。随着宗法制度的消灭，传统的"不臣二主"的信条也趋于式微，出现了"邦无定交，士无定主"的情况。战国时期的游说之士，就在这一历史背景下产生。

臣公孙枝说："百里奚既在放马，可见楚国不知道他的才干。大王如用厚礼去换他，岂不是告诉楚国人百里奚是个贤才，楚王还肯放人吗？不如按眼下奴隶的价格，用五张羖（gǔ）皮去换他。"羖就是公羊。穆公一听有理，就派人带五张羖皮去楚国，对楚成王说："我们秦国有个叫百里奚的奴隶犯法逃到楚国，现在你们这里放马，请大王按价放还我们。"毕竟只是个放马的，又是逃犯，楚成王二话不说就下令将百里奚交给秦国使者。

听琴认妻

百里奚做了秦国宰相，在堂上听乐工奏乐。府上有个洗衣的老妇人自言知音律，百里奚召她到堂下。老妇人抚弦自歌："百里奚，五羊皮，忆别时，烹伏雌，炊扊扅，今日富贵忘我为？……"百里奚闻歌惊愕，召至身前询问，方知是自己的老妻，遂相拥大恸，夫妻团聚。百里奚听琴认妻传为千古佳话。此图出自清末石印本《东周列国志》。

历史悠久、充满诗意的灞桥

灞桥在陕西西安市东约十公里的灞河上，是一座历史悠久、充满诗意的桥。灞河古时称灞水，原名滋水，春秋时，秦穆公称霸西戎，改其名为灞水，并修了桥，故称灞桥。桥居于交通要冲，历来为长安通往东南各地所必经之地。汉代在桥上设稽查亭，唐代则设有驿站。灞水两岸的五里长堤之上，栽柳万株。阳春时节，柳絮随风飘扬，宛似雪花飞舞，而"灞柳风雪"亦成为长安胜景之一。

议政治国好帮手

百里奚被装在囚车里拉回秦国，秦穆公一看是个满头白发的老头子，大失所望，问："你多大啦？"百里奚答："年方七十。"穆公叹气说："可惜太老了。"百里奚看了一眼穆公，说："叫我打虎，七十岁确是太老，叫我坐而论政，比姜子牙还小十岁呢！"穆公一听来了兴趣，便请百里奚入座细谈，天文地理、兵农工商、内政处置、外交形势，一连谈了三天，两人越谈越投机。最后，穆公决定拜百里奚为大夫，执掌秦国朝政。百里奚又举荐蹇叔，穆公任他为上大夫。

百里奚由于长期身处底层，对社会弊端、民心喜恶了如指掌，所以提出的治理方案着着见效，因而百官用命，人心舒畅，秦国从而进入前所未有的富强时代。接着又西并诸戎，拓地千里，修武整兵，发展生产，为后来争霸中原，打下牢固基础。

因为这位大夫是用五张羖皮换来的，故天下相传，戏称他为"五羖大夫"。

唇亡齿寒
晋献公 荀息

唇亡齿寒 假途灭虢
昏庸 谋略

《吕氏春秋·权勋》《韩非子·十过》《史记·晋世家》《左传·僖公二年》《左传·僖公五年》

人物 典故 关键词 故事来源

晋欲吞并南边两国

晋国南边有两个小国：一个是虞，一个是虢，虢又分东虢、西虢和北虢，其中北虢，在虞南边，即今河南三门峡和山西平陆县一带。晋献公一直想吞并他们，只是找不到由头。公元前658年五月的一天，边境守军报告，虢国盗贼窜入晋国抢了几家旅馆。晋献公一听机会来了，即欲出兵伐虢。大夫荀息说："虢、虞二国关系密切，我攻虢，虞必救援，再回头攻虞，虢又必援虞。以一敌二，难保胜算。"献公问："那怎么办呢？"

将欲取之，必先予之

从晋国去虢国，中间隔着条山脉，人车难行，只有借道虞国，大军才能顺利到达虢国。荀息献计说："虞国君主好货，据说见到奇珍异宝便茶饭不思。主公是否能割爱将传国玉璧及前年觅得的屈产宝马送给虞君，向其借路。他一旦答应，我们正好灭掉虢国。虢国一灭，虞国依傍尽失，我们便可从容收拾他了。"献公一听，沉思半晌，皱着眉头说："宝马千辛万苦得来，可遇而不

唇亡齿寒

虞公不听劝告，捞取不义的财物。正当虞公纵情享受晋国送来的玉璧、宝马时，强兵突现，他的疆土臣民，连同他的身家性命，眨眼间成了晋献公的囊中猎物。

可求；玉璧是寡人祖传的镇国之宝，怎可送给他国呢？"荀息笑了笑，说："玉璧、宝马又不是真送，不过是暂时存放在虞君那里，主公试想，一旦回头攻下虞国，两样东西不仍是主公的吗？"献公想想，会心地笑了。

荀息来到虞国，虞公听说晋国想借路伐虢，开始不同意，等到荀息献上玉璧、宝马，不由目痴神迷，眼珠盯着玉璧、宝马再也无法挪开了，支支吾吾地说："这是晋国至宝，为什么送给寡人呢？"荀息说："虢公不德，屡使人犯我南边，劫财俘人，数劝不止，敝国君忍无可忍，决心借路贵国，以百十车骑向虢公讨个公道。敝国君有言，如偶有所获，悉归贵国，敝国只求得一公道足矣，并愿借此与贵国世修盟好。"虞公听了大喜，并请先出兵伐虢。大夫宫之奇谏虞公，虞公不听而起师为先导。这年夏天，晋军在虞师的引导下，顺利攻取虢国的下阳，即黄河以北、今山西平陆县一带的土地。

青铜刀币

刀币是春秋战国时流通货币的一大体系，起源和流通于齐、赵、燕等地。刀币是青铜制品，由销刀演变而来。赵国流行的刀币主要是"甘丹刀"、"白人刀"；燕国的刀币则主要为"明刀"和"尖首刀"。

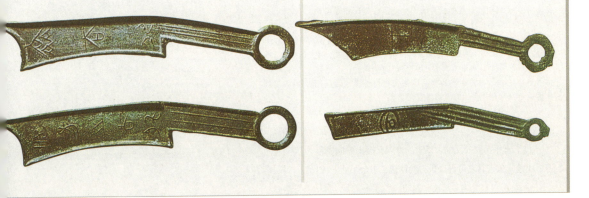

有数千件陪葬物的晋国赵卿墓

公元前 8 世纪初,赵叔带投奔晋国。此后,赵氏在晋国政权中的地位蒸蒸日上。到春秋晚期,卓然而为晋国领地最广、势力最大的六卿之一。晋阳古城址是晋国赵氏的早期封地。在它的北郊,即今太原市南郊金胜村西 300 米处,发现了赵卿的墓地,从中共清理出 3421 件随葬遗物,几乎包括了当时生活所用的各种器物。这些文物的出土,为我们展示了春秋时贵族生活的丰富内容。

再次借道,虞公执迷不悟

过了三年,到公元前 655 年,晋国又提出要向虞借道以伐虢。大夫宫之奇再次极力劝谏说:"主公不能答应!

谚语云'唇齿相依,唇亡齿寒',虞、虢向来彼此依靠,虢国一旦受损,虞国也将不保,请主公三思!"虞公摇头说:"晋国与我同姓,不会伐我的,怎么谈得上唇亡齿寒!晋若有并吞野心,按理也应由近而远,岂能越过一国去攻打另一国,打下来也是别人的地盘。我若不答应晋君之请,反倒先得罪了晋国,自招后患。"无论宫之奇怎么劝说,虞公坚决不听,还是同意了晋国借路的请求。宫之奇知道虞国危在旦夕,乃带着他的家族出逃他国。

假途灭虢

春秋时虞、虢相邻,晋国想灭虢国,故意派人带上玉璧、马匹给虞君,提出向虞借道伐虢。虞君收下珍贵礼物,并得意地认为,晋国真是太看得起我了呀!马上同意了晋国的要求。虞国大夫宫之奇极力劝谏,以"唇亡齿寒"比喻说明不可借道的道理,虞君不听。果然,晋军灭了虢国,在回来的路上不费吹灰之力灭了虞国。此图出自清末石印本《东周列国志》。

河南陕县上村岭虢国墓出土的战车

虢国是西周时期一个重要姬姓封国，公元前655年，被晋国采用"假虞灭虢"之计所灭。虢国墓是我国迄今发现的唯一一处规模宏大、保存完好的西周春秋时期大型邦国公墓，已出土文物近三万件，其中有虢国大型车马军阵遗址，这些战车即是其中的文物。

双双亡国的深刻教训

晋献公马上派大将里克率精兵四百乘连夜出发。这一年八月，晋军包围上阳，即虢国在黄河以南、今河南三门峡市一带的城邑。虢国很快被晋军占领，虢国公只带着零星随从逃往周邑。晋师在攻灭虢国后，回来又驻于虞国，住在虞都的馆舍中。那天晚上，晋师对虞国发动突然袭击，等虞公清醒过来，晋军已完全占领了虞国。虞公只得投降。晋军一下子灭了虞、虢两国，带着虞公等俘虏和大批战利品得胜回朝。

荀息从虞公宫中取回玉璧、宝马，奉献于晋献公之前。这是公元前655年冬天的事。

虞公不听宫之奇的劝谏，不从"唇齿相依，唇亡齿寒"的谚语中吸取教训，给晋国借道而灭亡虢国，自己因孤立无援而得到了同样的下场。

石鼓文
——小篆之祖

石鼓文是唐代初年在陕西凤翔三畤原田野中发现的石刻文字，是我国现存的发现最早的石刻篆书。石鼓文为刻在十个鼓形碣石上的文字，采用四言体诗，内容是描写秦国国君的狩猎活动。原有700余字，今实存272字。其制作年代，有不同说法。唐人认为是周宣王时的太史籀所写，南宋郑樵推断为战国秦之遗物，而马衡、郭沫若则主张作成于春秋时，学术界多从马、郭之说。石鼓文的字体介于商周金文和小篆之间，起着承上启下的作用，其笔画端庄凝厚，力蓄内心。唐人张怀瓘《书断》推崇其为"小篆之祖"、"楷隶高曾，字书渊薮"。

> **历史文化百科**

〔由神祇监督的合同文本：春秋时期的盟书〕

1979年，河南温县出土了五百多片春秋时期的玉石盟书（也称载书）。

盟书是春秋时期非常流行的一种立誓礼仪。与誓的诸侯或卿大夫为了达到彼此信任与结盟的目的，常常举行在他们看来有神圣不可更易威力的盟誓仪式。仪式的程序是：先凿地为坎，接着奉置玉币和杀牲歃血，再将书写好的盟书放在已杀之牲的上面，最后用土把它掩埋起来，表示彼此间的盟誓已受天地神灵的督察。

同样的盟书在20世纪60年代中期、70年代初期于山西侯马大宗出土，与温县盟书相比，其内容、体例基本相似，唯一不同的是，侯马盟书用朱书写，温县盟书用墨书写。

懿公好鹤

这样的国君匪夷所思，这般地好鹤也匪夷所思。卫懿公因好鹤而丧国实属千古一笑、千古一叹。

偏好养鹤误了朝政

卫懿公生于王侯之家，长于荣宠之中，自幼生活安逸，对民间疾苦一无所知，所以在他公元前668年继位后，终日只知淫乐奢侈，大臣与百姓对此都心怀怨恨。

卫懿公有个特别爱好，就是喜欢养鹤。面对鹤的洁净羽毛、修长颈项、火红丹顶、亭亭而立的模样和舞动起来的美妙身姿，常常喜不自胜，如醉如痴。俗话说："上有所好，下必甚之。"懿公好鹤，那些想求官邀宠的大小官吏便千方百计驱使百姓捕鹤。由是卫懿公宫中，庭院廊庑，苑囿池榭，到处都养着鹤，足有数百上千只。宫苑不够了，就不断扩建，百姓的负担越来越重。

懿公按品质、体姿，将鹤分成不同品第，依朝廷官员的等级分别对待：上品鹤享卿俸禄，中品鹤享大夫俸禄，下品鹤享士俸禄。卫懿公出游，这些鹤也分班侍从，各依品秩，乘载于华丽车中。于是卫国平白

好鹤亡国

卫懿公好鹤，给鹤分封爵位俸禄，乘大夫所乘的轩车，极尽尊宠。卫懿公对人却不如鹤，不顾国人的死活，一心只在淫乐奢侈上。公元前660年，狄人侵犯卫国，卫懿公准备发兵交战，众将士喧哗鼓噪，说：鹤有爵位俸禄，应该让鹤去打仗。结果，卫国军队不战而溃，狄人杀了卫懿公，灭亡了卫国。卫懿公好鹤，终落得身死国亡，教训惨重。此图出自明刊本《片璧列国志》。

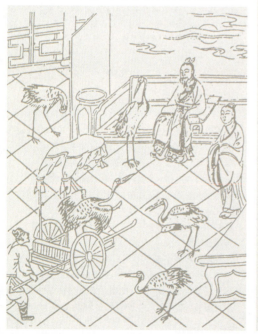

卫懿公爱鹤亡国

卫懿公是个爱鹤胜过爱江山的昏君，他为了养鹤，弄得全国人民民不聊生，怨声载道。最后被入侵的狄人杀死。成为历史上玩物丧志的一个典型。

公元前628—前551年

世界大事记　琐罗亚斯德实行宗教改革，创一神信仰的琐罗亚斯德教，兼善恶二元教义。

懿公好鹤　玩物丧志

昏庸　愚蠢

卫懿公

《左传·闵公二年》《史记·卫康叔世家》

人物　典故　关键词　故事来源

增加了成百上千的"官"，每个"官"都有各自的侍从，领相应的官俸，并有官的宅第，官的车乘。凡此种种，都需要钱。国库不够，就下令向百姓强征。至于人民春天无粮充饥，冬天无衣御寒，他全然不顾。

北狄王乘隙攻击

卫懿公弄鹤荒政、卫国臣民人心离散的消息传到北狄。北狄王瞍瞒正愁手下数万骑兵无猎可狩，又恨齐桓公平定山戎，想向中原诸侯国报仇，于是率二万骑兵向卫国突袭而来。懿公闻讯大惊，忙下令征兵授甲，出都迎战。都城百姓受够了卫懿公横征暴敛的苦，此时便大声叫嚷说："使鹤去打仗好了！鹤还有俸禄、有官位，我们怎么能打仗？"这些话一传十、十传百，人们对征兵号令全都不理不睬。懿公见状，就干脆派军士四处抓壮丁，抓来壮丁就发给兵器、编入军中，强行开往前线。

民心离散，身死国亡

公元前660年十二月，二万余北狄骑兵向卫国军队发起排山倒海般的攻击。卫国军队平时缺乏训练，临时抓来充数的壮丁更无心作战，一冲就散。卫懿公不及撤退，被狄兵团团围住，砍成肉酱，随行的大臣悉数被俘。北狄王瞍瞒将卫国大臣们装进囚车，叫他们向卫都朝歌城中的百姓喊话，要卫国臣民投降。被俘的卫臣中有华龙滑和礼孔

贵族盥洗器具：黄夫人匜

匜是古代盥洗时浇水的器具。《左传·僖公二十三年》云："奉匜沃盥"，意思是手执匜浇水盥洗。匜最早出现于西周中期，流行于西周晚期和春秋时期。春秋时匜形椭长，前有流，后有鋬，有的带盖，多有四足，亦有三足和无足的匜。河南信阳春秋早期黄君孟夫妇墓出土的黄夫人匜，槽流深腹，下有四条扁兽足，后部有龙形鋬，十分精美。

历史文化百科

〔君臣间接纳与效忠的礼仪：委质、策死〕

春秋战国时期臣子效忠君主有一种礼仪。委质表示向君主献礼，誓死为臣。初次觐见时，卿以羊羔为礼，大夫以雁为礼，置于庭前（不能直接送到君主跟前），行跪拜礼，请求君主接受。君主点头后，臣子须将写有自己姓名的"策"（名册）呈送给君主，表示至死效忠，称为策死。

两位太史，知道狄人特别畏惧鬼神，就对瞍瞒说："我俩是卫国大夫，专掌测问鬼神、祭祀天地之责。劝降卫国臣民，如不先祭天地鬼神，不但劝降难成，还会有不测之祸！"瞍瞒相信了，让他俩先去作祭告礼。华、礼两人急速赶回朝歌城中，通知城中百姓快快躲避。但消息传递迟缓，百姓尚未全部出城，狄军已冲进城来。不及逃避的百姓全遭杀害，尸骨堆满了城郭。狄军将卫国库藏和民间存留劫掠一空。瞍瞒又下令夷平朝歌城墙，然后满载玉帛子女呼啸北去。

由于卫懿公玩物丧志，导致卫国就此灭亡。后来还是齐桓公出兵护送卫公子毁归国重建卫国，都城设在楚丘，即今河南滑县东。卫国从此国力不振，成为小国。

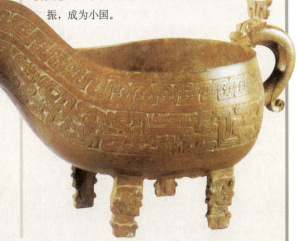

〇二四

齐桓公伐楚

不战而屈人之兵，是为高招中的高招，究其底蕴，大约一在理，二在势。齐桓公采用管仲之计，有理，有势，终于使实力相埒又桀骜不驯的楚国缔结盟约，道义相从。

八国联军，声势煊赫

齐桓公划沟礼燕、救邢复卫，名声大振，各诸侯国纷纷结盟归附，唯秦、楚二国对此不理不睬。当时，秦穆公经营陇西、关中，对中原的事不闻不问；楚成王却虎视眈眈，除了自封为王不算，更于公元前658年发兵攻打郑国，公然向已初步确立霸主声威的齐桓公挑战。郑国不是楚国对手，损兵失地后向齐国求援。

齐桓公与大臣商议援郑事宜，管仲说："齐、楚实力相当，但近年来我们救燕复卫，扶邢助鲁，恩泽遍于天下，各国诸侯归心。楚国恃强凌弱、倒行逆施，致使人神共愤。人心向背已昭然若揭。我们若于此时传檄各诸侯国联手伐楚，正是摧毁强敌奠定我国霸主地位的大好时机。"这一年冬天，齐桓公夫人蔡姬故意在乘舟时摇荡，制造惊吓，齐桓公怒而令其归蔡，蔡姬竟另嫁他人。齐桓公决定拿楚国附庸蔡国开刀。

公元前656年正月，齐桓公亲自挂帅，率齐、鲁、宋、陈、卫、郑、许、曹八国军队进攻蔡国，蔡军一触即溃，联军长驱直入，直抵楚国陉山地界扎营。坐镇郢都的楚成王得报大惊，楚军主力正在郑国前线，留守军队怎能抵御八国军队？于是急令前线主将斗章回兵，又派大夫屈完赴陉山联军大营同齐桓公讲和。

齐国重臣宁戚

宁戚是春秋时期的卫国人，很有才华。他想投奔齐桓公，但又没有旅费，就替商人赶牛车。到了齐国，宿在城外，正巧齐桓公出城迎客，宁戚便一边敲打牛角，一边放声悲歌。齐桓公闻听歌声，觉得宁戚不是普通之人，便召来相见。一谈之下，果是栋梁之材，便封宁戚为大夫，委以重任。此图出自清末《历代名臣像解》。

有理有节，暗藏玄机

屈完持节来见齐桓公，稽首为礼后发问说："我们大王得悉齐侯驾临敝国边境，特派下臣为使节来向齐侯致意。我们大王说，齐侯各领封地，君处北海，我居南隅，风马牛不相及。现在齐君来我楚国，敢问是什么道理？"管仲在旁答道："以前周成王封我齐国先祖太公望于齐时，特赐王命说：'凡天下诸侯有不服天子者，齐国当发兵讨伐，以维王室纲纪。'你们楚国封于南荆，按规定每年必须向天子进贡青茅。你们数年不朝不贡，是何道理？另外，周昭王南征，在你楚国境内失踪，又是何缘故？我们寡君今天亲临楚国，正是想问个究竟！"屈完、管仲的一问一

公元前627—前539年

世界大事记

腓尼基人恢复独立，开创新王朝。

齐桓公　管仲　楚成王

正义　谋略

《史记·左传》
《史记·齐·太僬僮·楚世公公三家四年》

人物　关键词　故事来源

的非礼以及周昭王之死与楚有关的事实，说明八国联军乃是代天子行讨的正义之师。屈完理屈辞穷，只得说："不朝不贡，是我楚国不对，我们当予补上，但昭王南征失踪，是他船不坚固，以致中流瓦解而亡，你们可以去实地调查！"说毕，不敢再逗留，回车而去。

屈完去后，诸侯们问桓公为何不跟踪追击，直抵郢都，一决胜负？管仲解释说："伐蔡而袭楚，原意攻其不备，今楚使来此，显然楚已知我踪迹，必有防备。我若直逼郢都，双方势必一战。彼主我客，胜负难料，一旦形成胶着之局，于我不利。此次出动，原为救郑，现郑危已解，如楚再屈膝求和，我目的已达，何必非战不可呢？"诸侯们听了，个个心悦诚服。

精致的鸟形酒壶
晋国赵卿墓出土。全器形似一只昂首挺立的鸷鸟，鸟背上蹲坐一虎，鸟尾下也有一只小虎，前足撑地，后足顶住鸟身，神态极其生动。更巧妙的是鸟的上嘴唇可以自由启合：倾倒流体时，嘴自动张开，将鸟身复位后，口即闭合。

齐桓公伐楚

正当楚国气势逼人、北进称雄之际，作为中原各国盟主的齐国难以容忍。为了对付楚国咄咄逼人的攻势，公元前656年春，齐桓公率领齐及宋、卫、陈、鲁、郑、许、曹诸国联军南下伐楚，直抵楚国边境。楚王派使者与齐桓公交涉，说："齐与楚相隔遥远，风马牛不相及，不知齐军到我们这里来有何目的？"管仲提出楚国不向周天子进贡、周昭王南巡之死两大罪状。楚使只承认不纳贡之罪，齐桓公就率联军进兵到陉地，楚王又派大夫屈完到联军请求停战和谈，齐桓公故意排开强大阵势，并带屈完去看。齐桓公面对不屈服的楚使，便答应在召陵与屈完签订盟约修好。可见齐、楚当时力量相当。此图出自清末石印本《东周列国志》。

答，看似平淡，其实充满玄机。因为周朝礼制规定，对不服规矩的方国进行征讨，只能出于天子。所以屈完的责问，一是指责齐国僭越，二是指责联军攻楚的非正义性。管仲的回答更妙不可言，他一方面论证齐国的"方伯"即霸主地位，一方面指出楚国不朝不贡

> **历史文化百科**

〔管仲田税改革：相地衰征〕

"相地衰征"是春秋初期齐相管仲推行的一种田税制度。"相"，古人解释为"视"，译为现代文是"根据"；"衰"是"差别"。"相地衰征"完整意思是：根据土地的好坏及产出的多少确定不同等级的应缴税赋。相地衰征的新赋税政策避免了以前的滥征乱收，实事求是地按农民每年的收获收取一定量的合理赋税，有利于调动农民生产积极性和稳定农业生产基本队伍。它是春秋初期齐国强盛的一项根本性的经济政策保证。

至今仍可吹出音律的春秋石排箫

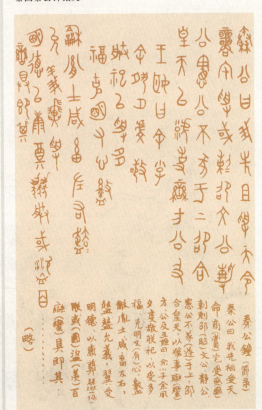

春秋贵族用调羹：曾侯乙匙

长45.8厘米，宽9.2厘米，形体硕大。匙柄扁平，略呈弧拱。柄后段梯形部分有镂空几何纹饰，前段较窄部分刻铭文为"曾侯乙作持用终"，铭文两侧和镂空花纹都以绿松石镶嵌。

不卑不亢，结盟而还

楚成王正在为被迫应战的后果忧心忡忡，忽听探子报来管仲之言，心下大宽，忙令屈完再以特命全权使臣身份去见齐桓公求和。

屈完二次来到联军大营，拜过齐桓公后，齐桓公下令诸侯之师列队而陈，他与屈完乘在车上进行检阅。检阅完毕后，齐桓公对屈完说："以这样众多的军队作战，谁能抵挡？以这样众多的军队攻城，何城不克？"齐桓公在讲话时，带有一种自豪和威吓的语气。但屈完并不认输，他对道："君若以德安抚诸侯，谁敢不服？君若以力进行征伐，则楚国有方城以为城堡，有江汉以为沟池，你军队再多，也不能取

胜。"齐桓公见威胁不能吓倒楚国，开战恐占不了便宜，乃与屈完缔结盟约，以道义为重，双方各自返回。

齐桓公这次伐楚，以和平的方式解决，说明齐楚之间的实力相当，谁也不敢冒险进行决战，春秋时期的争霸局势微妙莫测。

秦国秦公钟铭文

至今仍可吹出音律的春秋石排箫（左页图）

下寺楚墓群位于河南淅川县。楚国曾经是强国，它的歌舞音乐十分繁荣，而且大多来自民间，这件出土的石排箫即可佐证。它至今仍可吹出动听的音律。

郑国春秋铜编钟出土

郑国青铜编钟从二十世纪二十年代至今，已发现10余批，约200多件。与此同时，还有已腐朽的木质钟架伴随出土。郑国春秋铜编钟的出土，为研究郑编钟的组合、悬挂、演奏方法，寻觅湮灭已久之"郑声"的乐律特征和风格，提供了难得的实物资料。

秦公钟（部分）

秦公曰：我先祖受国命商（赏）宅受国命……（略）

○二五

腐尸生蛆

英雄末路，常令人扼腕叹息。请看名重春秋的齐桓公晚年的昏庸和凄惨场景。

志得意满享清福

齐桓公伐楚归来，于公元前651年，传檄举行葵丘盟会，葵丘地处今河南兰考县境内。各国诸侯都以与会为荣，天子周襄王特派宰孔为使臣，打破王室宗庙胙肉只分同姓的旧俗，赐齐桓公文武胙、彤弓矢、大辂，就是供天子用的大车，并尊称其为"伯舅"，见王不拜，可谓荣耀至极。齐桓公35年来所苦心追求的，于今都达到了，因而心满意足，不再有什么雄心壮志，将政事全部托付给管仲，自己便在宫中享起了清福。

齐桓公素来好色，除正夫人三名、如夫人六名，

齐桓公重用宁戚

这幅杨柳青年画画的也是宁戚扣牛角而歌，后得齐桓公重用的故事（故事详见"宁戚"图注），但因是据《东周列国志》的情节而画，所以与史书记载略有不同，增加了管仲写荐书的情节。画中最左边一人为管仲，中间蓝袍骑马者为齐桓公，旁边牵牛戴笠之人便是宁戚。

又搜罗了二百多名美女充储后宫。他让工匠在后花园里造了一条街，二百多名美女各居一宅，令宫女、太监们在街上做各种生意，自己就整天在街上厮混，一年三百六十五天几乎天天娶新娘。跟着他胡闹的近侍中，有三个最受宠爱的，一个是厨师易牙，一个是太监竖刁，还有一个弄臣开方。

管仲临终嘱咐

这年冬天，天特别冷，管仲病将不起。齐桓公亲赴相府探望，谈起朝事，齐桓公问："仲父万一不起，国政可托何人？"管仲说了些老臣，都不合桓公心思，他只想找个听话的角色，于是问："易牙怎么样？"管仲摇头说不行。桓公说："易牙掌管寡人饮食，寡人因未尝过婴儿之味偶露憾色，易牙烹其初生幼子满足寡人愿望，可见他爱寡人胜过爱自己骨肉，仲父为何说

前625年
前585年

公元前625—前585年

世界大事记

米堤亚国王奇阿克萨在位。

齐桓公　管仲　鲍叔牙

昏庸　奸佞

《左传·僖公十七年》
《史记·齐太公世家》
《管子·小称》

人物　关键词　故事来源

齐桓公

齐桓公曾有三位夫人，但她们都没有生下儿子，纳了六位妾，而这六位妾每人都生有一个儿子。齐桓公让郑姬所生公子昭作了太子，其余五子不服气，展开了争夺继承权的大战。其中长子无亏闹得最凶，其母卫姬联合宦官竖刁和厨子易牙，说服齐桓公有了更易太子为无亏的念头。为了控制齐桓公，易牙等人"囚禁"了齐桓公，到最后，齐桓公没吃没喝，饥饿而死。公元前643年十月，叱咤风云的齐桓公惨死在一帮奸佞内臣手中。齐桓公死后，众公子忙着争权，对父王尸体五六十天内无人过问，以至于生蛆。齐桓公如此惨死，不得不让人生出无限嗟叹。此图出自清末石印本《东周列国志》。

他不行？"管仲答道："人之至情莫过于亲，他对亲生骨肉如此残忍，怎会对主公有真爱？"桓公又问："竖刁怎么样？他自受宫刑来宫中服侍寡人，总是爱寡人胜过爱自身。"管仲又摇头答道："人生在世，最重要

的是保护自己不受伤害。竖刁连自身都敢伤害，何论对其他人呢？"桓公顿了一顿，再问："卫公子开方，放弃太子位，来齐国效力，在朝十五年，勤政至忠，未回卫国一次，甚至连父母去世都未去奔丧，可算对寡人忠心耿耿了吧？"管仲仍然摇摇头，答道："父母生养大恩都可弃之脑后，世上还有何恩何德可使他留恋呢？"管仲见齐桓公默不作声，叹了口气说："臣将不久于人世，有一事不得不对主公直言，这三人，主公一定不能重用。他们一旦得势，齐国必乱！"

意志软弱，奸人终于得逞

公元前643年，管仲去世了。接着隰朋、鲍叔牙等同一辈重臣也相继去世或休仕。齐桓公起先对易牙、竖刁、开方疏远了一阵，时间一长，经不住三人的阿谀奉承，又重新起用，且比以前更加依赖。三人便肆无忌惮，公开地干预起朝政来，弄得朝野人心离散。这时，后

召伯鬲的新特征

与商和西周时期的铜鬲相比，这件鬲包含了许多新的因素：它有宽而厚实的折沿方唇；三条空足难以截然分开而联成一个完整的鬲腹，即所谓的联裆形，足根形似兽类健壮的蹄而不再是直立的柱。这种造型是春秋时期开始出现的新特征。

春秋几何钺

钺是古代具有权杖一类性质的兵器。《尚书·顾命》云："一人冕执钺，立于西堂。"郑玄注："钺，大斧也。"春秋几何钺狭体曲刃式，体近扁，刃弧度较大，两肩等长有二穿。钺身几何形图案，组成有规律的纹饰，纯属形式上的变化和结构上的美感。春秋战国之际，几何纹从作为主纹的陪衬而变为主体纹饰。

宫中又因立嗣问题起了内乱。桓公的三位正夫人都未生育，六位如夫人却每人各生一子。桓公原本最喜欢第三位如夫人郑姬所生的公子昭，曾将公子昭托付给宋襄公，嘱将来立昭为太子。可是易牙、竖刁与第二位如夫人卫姬关系密切，三人左磨右说，日夜不停地纠缠，齐桓公又答应立卫姬之子无亏为太子。其他如夫人岂肯干休，于是媚嗔兼施，人人都提出了要求。俗话说：剑老无芒，人老无刚。老昏了头的齐桓公对她们的要求竟一一答应，这下乱了套，于是个个暗结私党，互相猜忌。齐桓公真正成了孤家寡人。

老而昏聩的齐桓公终于一病不起。易牙、竖刁乘机拥立无亏为君，与卫姬一起坐镇宫中，假传君旨，不准一切人入内探视，同时又断了齐桓公的汤水饮食。过了三天，见齐桓公还没有咽气，他们干脆将在桓公周围服侍的人全部赶走，隔断内外风声，只在墙下留一狗洞般的出入口，每天让小内侍钻进去窥视桓公的生死。

大乱中的悲惨结局

弥留之际的齐桓公，饥渴难耐，呻吟辗转。一个桓公亲近过的宫娥乘看守疏忽，从洞中钻进宫来，走到桓公跟前。昏昏沉沉的齐桓公问道："我饥渴已极，为什么不送饮食来？"宫娥告诉他易牙等人已占据齐宫，宫内外交通完全断绝了。弥留之际的齐桓公眼睛望着天花板，眼角滚出两颗泪珠，喃喃说道："报应啊！寡人不听圣人之言而亲信小人，真是后悔无及！我有何面目去见仲父于地下啊！"说完拉起床巾裹住自己的脸，叹息几声，死了。

齐桓公死后，无人料理，尸体腐烂，蛆一直爬出户外。诸公子忙于争位，互相攻杀。易牙、竖刁、开方为所欲为，大杀忠臣，局势大乱。齐国一代霸业就此烟消云散。

历史文化百科

〔先秦丧礼〕

丧礼是春秋时代礼制中一个特别重要的制度，繁复而严格，程序约共22道，依次为：1.初终，确定已逝世。2.复魂，俗称招魂。3.帧殓，整理尸身及盖上殓衾，点灯设祭。4.命赴，即向亲友告丧。5.吊唁致襚，亲友来吊，叫"唁"，送给死者的衣被，叫"襚"。6.铭旌，依逝者身份制作明旌，上书"××之躯"，以竹竿挑于堂阶西阶之上。7.沐浴，给逝者沐浴及整理。8.饭含、袭、设冒，"饭含"是把珠玉贝米放在逝者口中，依等级不同，天子含玉，诸侯含璧，大夫含珠，士含贝，庶民含米；"袭"是为逝者穿衣，一套为一称，天子十二称，上公九称，诸侯七称，大夫五称，士三称；及给死者用填塞耳，用瞑目盖住脸部，加冠履等；"设冒"盖上新衾，移床堂中。9.设重、设燎，置神主于中庭，燃烛。10.小殓，着衣、收束。11.大殓，入棺，12.成服，家属成员依血缘关系穿上不同的丧服。13.朝夕哭、奠。14.筮宅、卜日，请筮师择定墓地与下葬日期。15.即夕哭。16.迁柩，移柩于祖庙。17.发引，柩车启行。18.下葬，成坟。19.返哭，奉神主而回，升堂而哭。20.虞祭，并将原有神主焚毁，另置桑木神主。21.卒哭，新神主入位时的哭奠。22.祔，奉神主于祖庙与祖先一起合祭，祭毕，仍奉神主回家。到此丧礼结束。

公元前626—前538年

前626年 ▶
前538年

世界大事记　新巴伦王国。

宋襄公　楚成王

宋襄之仁

愚蠢　屈辱

《左传》僖公二十一年
《左传》僖公二十二年
《史记·宋微子世家》
《韩非子·外储说左上》

人物　典故　关键词　故事来源

○二六

"不期之求，必有不测之祸"

齐桓公死后，齐国势力瓦解，各诸侯国呼唤新盟主的出现，担起"尊王攘夷"的时代使命。公元前642年春，宋襄公以桓公付托为据，率兵护送太子昭回齐，打败易牙、竖刁、开方的军队，拥立太子昭登位，史称齐孝公。宋襄公自以为有重定乾坤的功劳，新一代盟主非他莫属，便于公元前639年春，传檄诸侯，约秋天在鹿上（今山东巨野县西南）盟会，结果只有齐、楚两国响应。齐国是谢其复国之德而与会的，楚国响应却别有他图。原来三年前郑国就已倒向楚国，第二年，陈、蔡两国也步郑国后尘求楚保护，四国结成同盟。开始时宋襄公遣使赴楚，希望得到楚国的支持。楚成王接信后轻蔑地直想笑，讥笑世上竟有宋襄公这等不自量力的人。大夫成得臣说："宋君好名无实，轻信寡谋，我们正可利用这一时机进军中原，一争盟主之位。"楚成王觉得甚是，便将计就计，答应与会。与此同时，宋国朝廷上却为盟会之事展开了争论，公子目夷说："列国之交，实力为本，手段为辅。当今天下，即使齐国不算，秦、楚、晋、燕诸国，实力都在宋国之上，卫、鲁、郑等国也不弱于我。我们既无实力为后盾，如何能称霸列国之上？'不期之求，必有不

宋襄公争霸

不知者笑他无由，知之者谓他何求。宋襄公不知乱世尚力，徒托空言，理论脱离实际，焉有不败之理？

测之祸。'请主公三思！"公子目夷的话可谓切中要害，获得了许多大臣的附和。但宋襄公根本听不进去，仍然一意孤行。

盟会之时，初次出丑

盟会如期举行。宋、楚、陈、蔡、郑、许、曹七国聚于盂，即今河南睢县盂亭乡。宋襄公兴致勃勃地正想主持盟会，楚国突然发难，事先埋伏的甲兵蜂拥而出，与会诸国除个别国君不知就里外，其他的早已心照不宣，所以各诸侯立刻乘机倒戈，纷纷表示愿唯楚成王马首是瞻。楚成王令楚兵把宋襄公拘押起来，然后指挥五百乘大军浩浩荡荡杀奔宋国。幸亏宋国大臣早有防备，团结民众，坚守城池，才使楚成王灭宋的阴谋未能得逞。楚见宋已有准备，突袭不成，乃释放宋襄公归国。

"仁义"争霸成千古笑柄

争霸不成反遭人污辱的宋

用于指挥号令的乐器：錞于

錞于是古代铜制打击乐器。史载："两军相当，鼓錞相望"，可知錞于多用于战争中指挥号令。其形制近似椭圆筒形，肩部大而腰部小。无钮，或有环钮、桥钮，或作虎形、马形、龙形、凤形钮。以虎钮錞于最为多见。这件直纹錞于重29公斤，身饰直纹，肩饰蟠虺纹，顶部狭边内饰雷纹。

襄公恼羞成怒。于次年夏天，以郑国不朝天子、反朝楚蛮为由，率宋、卫、许、滕四国军队伐郑。楚军赶来救援，双方遭遇于泓水，即今河南柘城县北三十里处。宋军列阵已毕，楚军正在渡河。大司马公孙固对宋襄公说："楚军正在渡河，过河人数不及一半，请主公下令出击！以我全军击其半军，胜算可握。如待其全军过河，彼众我寡，将于我不利！"宋襄公说："寡人以'仁义'领军，堂堂正正，何用投机取巧？"过了一会，楚军渡河完毕，公孙固又请宋襄公乘楚军立足未稳发动攻击，又被宋襄公拒绝，说："寡人听说，君子将兵，不向未成阵形的敌军发动进攻。"公孙固及众将士闻言都暗暗叫苦。楚军列阵完毕，击鼓进攻，戈矛如林、箭矢如雨，宋军无法抵挡。宋襄公身边的侍卫大夫中箭身亡，虎贲卫士尽数战死。宋襄公也右腿中箭，血流如注，无法站立。宋联军大败，辎重车仗损失无数。第二年夏天（公元前637年），宋襄公伤发而死。他那沽名钓誉、愚昧迂腐的"仁义"争霸，成了千古笑柄。

宋襄公图霸梦的破灭

齐桓公去世，国内变乱，齐国霸业衰落。宋襄公想乘机图霸，联合曹、卫、邾诸国军队伐齐，认为打败齐兵，就可以争当霸主。公元前639年，宋襄公在鹿上（今安徽阜阳，一说今山东巨野）邀请齐、楚会盟，向楚乞求让诸侯尊他为霸主，楚王伴装允许。这年秋天，宋襄公召集诸侯会盟，楚王将宋襄公拘捕，并起兵伐宋。冬季，楚成王在薄（今河南商丘）与诸侯会盟，将宋襄公释放。宋襄公仍不悔悟，率军与楚军在泓水开战，宋襄公振振有辞地大谈其君子治军原则，结果失去战机，导致宋军大败，自己也受了伤。不久，宋襄公因伤不治而死，图霸梦想彻底破灭。以下三图出自清末石印本《东周列国志》。

〔春秋五霸〕

春秋时期先后称霸的五位霸主，所谓"春秋五霸"，学术界有多种说法：一、齐桓公、晋文公、宋襄公、秦穆公、楚庄王；二、齐桓公、晋文公、秦穆公、楚庄王、吴王阖闾；三、齐桓公、晋文公、秦穆公、吴王阖闾、越王勾践；四、齐桓公、晋文公、楚庄王、吴王阖闾、越王勾践。经多方考察和讨论，现学术界都以最后一种说法为是。

世界大事记

古雅典德拉古立法，强化奴隶主统治，同时减少了贵族执法时的随意性。

人物：晋文公 介子推

关键词：尊贤 逆境

故事来源：《左传·僖公二十五年》《左传·僖公二十三年》《史记·晋世家》《国语·晋语》

〇二七

亡命公子

流亡生涯倍尝艰苦，前途渺茫。47岁的晋公子重耳，却能集聚人才，以待风云突变，实属不同凡响。

离妻别子逃向齐国

晋文公重耳，是晋献公与狄女所生之子，自少好结交士。献公即位时，重耳已21岁。献公二十一年，太子申生被害后，骊姬又诬告重耳参与下毒，盛怒的晋献公不问青红皂白就下令拿问。重耳逃回蒲城。晋献公便令太监首领勃鞮领兵追杀。重耳慌忙逃向后院，打算翻墙而出。勃鞮追来，拉住重耳衣袖一刀砍去，一段衣袖被砍了下来。跌出墙外的重耳连夜向狄，即他的母国逃去。狐偃、赵衰、介子推、颠颉、魏武子等一班贤臣深感重耳礼贤下士，随他一起逃走了。狄族首领有心结交重耳，送给他一名叫季隗的美女作妻子，一行人在狄地一住就是十二年。这期间，晋国大乱。先是晋献公于公元前651年去世，骊姬子奚齐即位，不久被大夫里克杀死，立公子卓子为君；旋即里克又杀卓子与大夫荀息，串通秦国，迎立公子夷吾为君，是为晋惠公。晋惠公怕重耳与他争位，便派兵深入狄地追杀重耳。重耳只得离妻别子逃向齐国。

重耳逃亡路线图

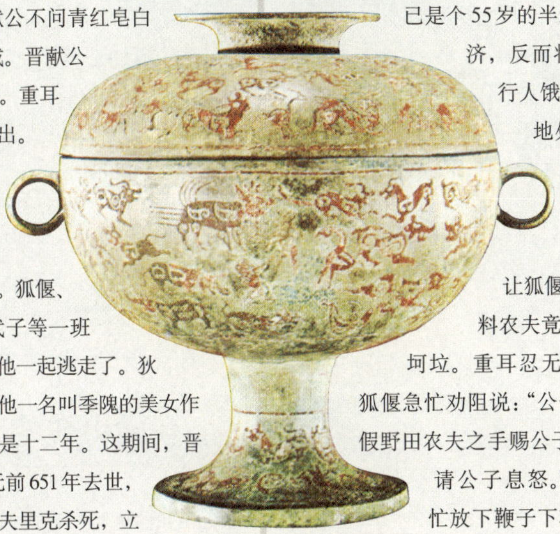

对土坷垃行大礼

重耳一行路过卫国时，想请卫文公帮助。势利的卫文公见重耳已是个55岁的半老头，不仅没给半点接济，反而将重耳奚落了一顿。一行人饿着肚子再往前走，路过地处今河南濮阳县南三十里的五鹿时，看到几个农夫正在田头吃饭。三天粒米未进的重耳让狐偃去向他们要口汤水，不料农夫竟在他们盆里丢了几块土坷垃。重耳忍无可忍，举鞭想打农夫，狐偃急忙劝阻说："公子以天下为任，现在天假野田农夫之手赐公子土地，正是大吉之兆！请公子息怒。"重耳知道自己失态，忙放下鞭子下车拜受。农夫们见重耳对着土坷垃行大礼，不由大笑。

一行人昏昏沉沉又走了十几里路，再也走不动了，只得停下休息，四处找野菜充饥。正在饥肠辘辘、面临绝境之际，忽见介子推捧着一盂肉汤走来，重耳一口气吃光，连说："好吃！"随即疑惑地问："哪里弄来的肉？"介子推支支吾吾说不出来，旁人见他

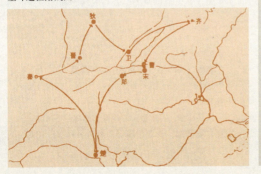

春秋贵族盛食器：狩猎纹豆（上图）

狩猎纹豆于1923年在山西浑源李裕村出土，高20.7厘米，口径17.5厘米，圆腹，盖可卸置，通体饰狩猎纹，红铜镶嵌，是春秋时代晋国贵族的盛食器。豆盖和圈足上饰以虎、犀、鹿、鸟等飞禽走兽，均作飞跃奔走状；腹部为狩猎纹饰，有二人手持剑与群兽搏斗，若干鸟兽惊慌，四处奔逃；下面则有一人正与奔逃的野兽搏斗。整个画面表现了猎人的勇猛和禽兽飞跃奔走的动态。

秦懷嬴重婚公子

晋亡命公子重耳

公元前 655 年，晋献公宠骊姬，杀太子申生，立骊姬之子奚齐，导致晋国内政危机。晋献公次子重耳惧遭骊姬毒手，逃亡奔狄，在狄国娶妻生子，逗留了 12 年，并聚集了一批贤能之士。公元前 644 年，重耳为躲避夷吾的追杀，又开始了长达 7 年的流亡生活，先后到过卫、齐、曹、宋、郑、楚、秦等国。秦穆公想利用重耳对付晋怀公，就将宗室的五个女子给重耳做妻子，其中有晋怀公的夫人怀嬴。以上二图出自清末石印本《东周列国志》。

裤子上渗出片片血迹，撩起衣裳一看，才知肉汤原来是介子推割下自己腿上的肉煮的。重耳难过得直掉眼泪。

掉入良宅美第温柔乡

　　重耳等千辛万苦终于来到齐国，齐桓公久闻重耳贤名，盛情接待，从宗女中选了位年轻貌美的姜氏嫁给他，并赐府第一宅、车马二十乘和其他陪嫁财物，

晋重耳周遊列国

久经困顿的重耳一下子掉进富贵乡里，一时间流连忘返，不知所以。狐偃、介子推等见此深觉不安，一天，他们在桑树下商议挟持重耳转赴秦国，再乘隙向晋国发展，不料被在树上采桑叶的使女听到，回家告诉了姜氏。姜氏唯恐泄漏出去对夫君不利，一剑刺死

> 历史文化百科 <

[先秦时期的系列量器：升、豆、区、釜、钟]
　　春秋战国时期齐国使用的系列量器，它们的关系依次排列，即：四升为豆，四豆为区，四区为釜，十釜为钟，一钟共计 640 升。
　　区又作钪，同时也是一种青铜酒器，方或圆口，短颈、扁圆腹、长方形圈足，两旁多作兽面衔环，形如扁壶，战国时流行作盛酒器。

使女。当晚对重耳说："大丈夫当志在四方，不能老死在温柔乡里，眼下齐国大乱，公子不若暂避他方以图发展。"重耳感姜氏情笃，不愿离去。姜氏见无法说动重耳，就用酒将他灌醉，由赵衰、介子推等将重耳抬上准备好的车子，化装后直奔秦国而去。

历尽坎坷，天赐良机

车轮滚滚。一行人经过曹国，曹共公听说重耳肋骨并排像一整块，就假意接待，趁重耳沐浴时，拉了一帮谀臣在帘后偷看，重耳大怒。消息传到曹国大夫僖负羁妻子耳里，她对僖负羁说："我看晋公子那些随从，个个都有出将入相的才能，像这么一位得到这么多贤才辅佐的公子，总有飞黄腾达的一天，晋国也必将大治，到时各国诸侯恐怕巴结都来不及，你们今天得罪了他，以后晋公子得势报复，曹国可是首当其冲啊！你还不赶紧去同晋公子结交结交，预先留个退路！"僖负羁一听浑身冷汗，急忙带上礼物去见重耳。

陶瓷史上特殊的品种：印纹硬陶罐
这件硬陶罐于河南省固始县侯古堆大墓出土，具备了硬陶的主要特征。侯古堆大墓的主人季子是北方人，随葬的物品多是从北方娘家带来的，而这件硬陶罐颇具南方风格。

僖负羁有个贤明的夫人
僖负羁是春秋时曹国大臣。晋公子重耳得位前曾流落曹国，曹君待之甚薄。僖负羁的夫人认为重耳不是等闲之辈，劝僖负羁以礼相待，为日后留条退路。果然，重耳即位为君后不久就发兵灭了曹国，感念僖负羁当年的恩情，没有杀他。

重耳离开曹国经过宋国，又来到郑国，郑文公根本不把这个日暮途穷的逃亡公子放在眼里，吩咐手下不予接待。上卿叔詹对郑文公说："主公不可小看重耳，以臣愚见，重耳前途无可限量！"郑文公问有何根据？叔詹答道："第一，重耳出之姬姓，极易获得周天子及诸同姓国的奥援；第二，重耳出亡以来，晋乱不止，似乎正在等待贤君出世；第三，跟随重耳流亡的狐偃、赵衰等人，个个都是当世英贤，重耳困厄之中能得这班贤人拥戴，岂是平常之人？所以主公千万轻视不得。以臣愚见，主公不妨以礼厚结之，不然就干脆杀了，以绝后患！"郑文公听了不以为然，说："他是他，寡人是寡人；寡人为何要礼遇他，又为何要杀他呢？"于是下令紧闭城门，不必理睬重耳他们。至此，这位亡命公子前后已流亡了17年。

机会终于来了，在楚、秦等大国的帮助下，重耳在62岁那年重回晋国，登上君位，开始了他辉煌的事业。

重耳归晋

风霜雪剑十九年，焦心苦虑七千天，须发苍苍的晋公子终于等来了这一天。

面对英杰，楚成王一片赤诚

重耳一行来到楚国，颇有豪杰气概的楚成王见重耳一行气宇不凡，便下令以国君之礼隆重接待。宴席上，楚成王劝酒不止，优礼有加。重耳一行与楚成王一班君臣谈得十分投机，就在楚国住了下来。楚成王不断以财物相赠，又时常陪重耳打猎游玩，重耳对楚成王的感激之情溢于言表。一天酒酣耳热之际，楚成王戏问："公子一行皆是晋国英杰，今天寡人厚待公子，日后公子接位晋君，何以报答寡人呢？"重耳说："玉帛子女，大王都有；奇珍异宝，楚国更是产地，如大王一定要我说出何以为报，我只能说，如托大王洪福果能回国当政，今后一旦晋楚兵戎相见，我当退

李唐的《晋文公复国图》（12幅）
晋文公是春秋五霸之一，但其身世却是非常坎坷。在异国流亡了19年，终于在62岁重返祖国，登上王位。这组《晋文公复国图》便是根据《左传》的记载，用像连环画一样的形式详细描绘了晋文公从流亡到复国的艰难历程。作者李唐作为南宋时的画院画家，很明显想通过这画激励宋高宗不计荣辱，像晋文公一样重整河山。

避三舍。"楚国君臣闻言哈哈大笑。如此流连数月后，楚成王正色对重耳说："公子乃非常之人，当以图晋为功，但我们楚国离晋国路途遥远，不如秦国与晋接邻，时机一到，便有隙可乘。为事业计，公子莫如赴秦为好。秦穆公为人仗义，定会助公子一臂之力！"重耳觉得楚成王一片赤诚，所言极是，于是辞别楚王，来到秦国。

为保得利，秦穆公提出嫁女

秦穆公见重耳到来，不由心中大喜，为什么大喜呢？原来当年晋献公死后晋国大乱时，平定西戎、有意向东发展的秦穆公，曾派人去晋国秘密考察重耳与夷吾。使者回来报告说，重耳为人正派，得王位后不会出卖晋国利益；夷吾则表示如能助他继位，必将以河西之地相谢。秦国因而选中夷吾，发兵帮助夷吾登基，成为晋惠公。不料晋惠公目的达到后，不仅背信弃义，而且恩将仇报，与秦国刀兵相见，秦穆公因而对夷吾恨之入骨。在晋惠公夷吾病重期间，作为人质的太子圉为保君位，竟不辞而别，逃归晋国，更引起

《左传·僖公二十五年》《史记·晋世家》《国语·晋语》

晋文公　秦穆公　楚成王

逆境　机遇

人物　关键词　故事来源

秦穆公的不满。今见重耳一行来到秦国，言谈间有图谋晋国之意，岂不正中穆公心意？

穆公安排重耳等人住下后，再使出试探性一招：派人向重耳提亲，意将女儿怀嬴嫁给重耳。重耳大惊，自己已六十有一，与秦穆公年龄相仿，若做他的女婿，以后晋秦相交，岂不凡事都吃亏三分？再说当年秦穆公为笼络夷吾，已将怀嬴嫁与入秦为质的夷吾之子子圉，现子圉逃回晋国，怀嬴实为重耳侄媳。如今穆公提此要求，如何回答是好？赵衰长思半晌，对重耳说："听说怀嬴美貌而有才华，穆公及夫人视若掌上明珠，如今提出此议，正是看重公子。公子如拒绝，就无法结好于秦国；不结好于秦国，自然无法得到秦国倾力相助。古人说，'欲人爱己，必先爱人；欲人从己，必先从人。'臣意公子不可拒绝穆公的美意。"重耳为难地说："怀嬴是我侄媳，我怎可乱辈夺爱？"狐偃说："公子今日赴秦，意在图晋，君位尚且可夺，何在乎区区一女子？"重耳想想有理，便依言允婚。

公元前632年

中国大事记

晋文公“退避三舍”，然后率齐、秦联军与楚、陈、蔡联军决战城濮，大胜之。

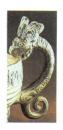

众人相助，里应外合登君位

穆公见重耳肯俯首做自己的女婿，大喜过望，于是三日一小宴，五日一大宴，令世子与重耳常相来往，亲如家人，同时不断派人去晋国打探消息。公元前637年九月，晋惠公病死，子圉继位，为晋怀公。君臣互相猜疑，彼此攻杀，国内大乱。秦穆公乘机发大军四百乘，与晋国大夫栾枝、郤步拓等里应外合，直入晋国都城曲沃，立重耳为国君，即晋文公。晋怀公逃至高梁（晋地），被追兵所杀。

重耳43岁出亡，归晋即位时，年已62岁。

“龙飞凤舞”造型的秦公簋

从秦公簋的工艺造型设计来看，可谓“龙飞凤舞”。从其悬钮到侧脊，有九条飞龙，中脊有五条飞龙和一只凤鸟。这件造型美丽奇特的簋，是秦国的重要礼器，是珍贵的传世国宝。

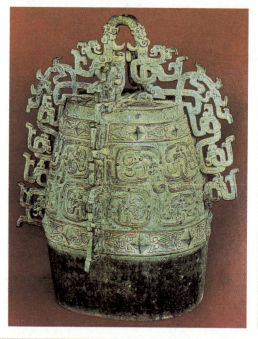

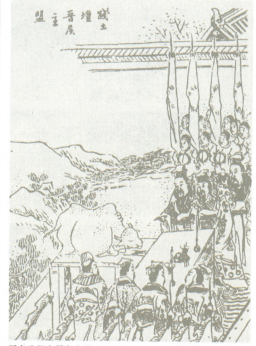

晋文公登上霸主宝座

公元前636年，晋国局势更加不稳定。由于晋怀公不得人心，晋国大臣转向重耳，于是秦穆公派军队护送重耳回国。秦军击败前来抵抗的晋军，平定晋乱，流亡在外19年的重耳终于回到晋国首都，登上君位，是为晋文公。当时重耳年已62岁了。晋文公任用贤臣狐偃、赵衰等人，纳周襄王，救宋破楚，成为继齐桓公之后又一位名声烜赫、功业卓著的春秋霸主。此图出自清末石印本《东周列国志》。

历史文化百科

〔先秦文字之一：陶文〕

当时人留在陶器上的文字，一般为直接刻写或用玺印压成。陶文最早见于新石器晚期，到春秋战国时期普遍风行，多为印文，齐、韩、燕、赵、秦、滕、邹等国故城遗址均有发现。陶文内容不一，大体为负责制陶的职官名、陶工及其籍贯，陶器的名称、制作时间、地点和使用机构等。

介子推　晋文公　尊严　尊贤　寒食节

《左传·僖公二十四年》《史记·晋世家》《国语·晋语》

人物　典故　关键词　故事来源

介子推隐居

中国传统的"寒食节"，产生于春秋前期的晋国，为的是纪念清廉耿介的介子推。

不屑追求名利

晋文公重耳归国为君后，赏赐随从流亡者及拥立有功人员，大的赐予封邑，小的提高爵位和俸禄。一时间，追求功名利禄的习气代替了原先同甘共苦的风尚。歌功颂德、吹拍拉扯之风渐炽，昔日重耳、今日晋公，开始被一班钻营拍马、党同伐异的人所包围。为人耿介的介子推看不惯这种状况，暗忖再呆下去已属无味，于是在第一次随班朝贺后，便托病居家，奉养老母。

直奔绵上山里

介子推家原本贫苦，自己在外流亡十九年又无积蓄，就只能织屦为生(屦是古时的一种鞋子)。因为他没在朝上露面，晋文公封赏群臣，竟把这位曾割下自己腿上肉做汤救自己活命的人忘了。

介子推的母亲见厨下无米，叹息着对介子推说："儿啊，如今新君登基，八竿子打不着的人都在想方设法邀功请赏。你随新君出亡十九年，忠心耿耿，备尝艰辛。为什么不去求取一官半职呢？"介子推说："献公有九子，数主公最贤。夷吾、子圉无德

无能，才给主公归晋提供了条件。现在靠天之幸，主公得以回国继承君位，许多人皆以为是自己之功，实在可笑可怜。我如去同这帮营营苟苟之辈混作一堆，岂不有辱我的人格？儿无求于功名利禄，有生之年能回国奉养母亲，已是天降福祉于我，何必再去求见国君呢？"介子推的母亲听后欣慰地笑了，说："我儿没辜负老身的苦心教导，愿做个廉介之士。我能为廉士之母也感到十分高兴。但在此闹市织屦为生，有碍我儿养性，我们何不归隐山泉，渔樵为生？"介子推大喜，当天就收拾衣物，背起母亲，直奔地处今山西介休市东南的绵上山里而去。

放火烧山寻找

介子推的朋友见此心有不平，便写了一张条幅："龙欲上天，五蛇为辅。龙已升云，四蛇各入其宇，一蛇独怨，终不见处所！"乘夜间挂在

春秋立人陶范

范是铸造金属器物的空腔器。陶范用经过筛选的黏土和砂制成，高温焙烧，接近陶质。用范组合成铸型进行浇铸的方法叫范铸法，春秋时期已有可重复使用的陶范。

交龙纹斗

此交龙纹斗腹微鼓，把为略弯的筒形，把上伸出一根细管与器口相连。腹饰宽带状交龙纹、绳索纹和变形交龙纹。

介子推割股啖君

重耳流亡出走，受尽屈辱。在流亡期间，有几个忠心耿耿的大臣不顾危难艰苦，一直追随着重耳，其中一个就是介子推。有一次，重耳因饥饿晕倒，介子推为救重耳从自己腿上割下一块肉，用火烤熟了送给重耳吃。后来重耳回国做了君主，奖赏原来跟随他的大臣，但介子推不受，带上老母躲进了绵山。晋文公放火烧山，以逼介子推出来。介子推终不肯出，母子相抱被烧死。晋文公失声恸哭，命葬于绵上，立祠祭祀，改绵山为介山，又将绵山之田留作祠田，以旌扬介子推的高尚品德。以下二图出自清末石印本《东周列国志》。

官门口。次日上朝，晋文公一见条幅大惊，马上醒悟说："'五蛇'指的是陪寡人流亡的五位老臣，'一蛇'指的是介子推！寡人竟把介子推忘了啊！"于是急忙下令备车去接介子推，回报介子推已不知去向，邻居说可能隐居绵上山里去了。晋文公跌足叹道："都是寡人的错！都是寡人的错！"说罢，亲自率领人马到绵上来找介子推。

晋文公一行在绵上山里转了几天，不见人迹，几位农夫说，前几天曾看见一汉子背着老妪往山里去了。晋文公有些不悦地对左右说："寡人漏了子推，接连多日呼寻，已见寡人悔过之心，子推仍避而不见，叫寡人如何是好？"同晋文公一同出亡十九年的将军魏武子说："子推是个孝子，叫他不出，让我放把火，他必然背着母亲逃出山来。"文公觉得未始不是一个办法，

君股推亦
啖割子

上縣焚寇绵推子亦

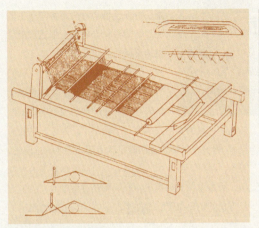

春秋鲁国织机结构复原图

商周时代，织机在原始的腰机基础上有了很大进步。当时织机上已有提花装置，西周时又出现了织锦技术。到了春秋时代，织机逐步完善。汉人刘向《古列女传·鲁季敬姜》对鲁国的织机作描绘，从中可以推测织机已有了机架、定幅筘、卷经轴、卷布辊、引综棍等装置，还配有清除经纱上的疵点、引纬和打纬的工具。由此可知，春秋时代已出现了比较完整的织机。图为鲁国织机结构复原图，见明刊本《鲁季敬姜》插图，以及明代《天工开物》中的花机。

>历史文化百科

〔古时居丧之礼〕

古时双亲逝世，儿子须服三年丧礼。居丧期间，不得行男女娱乐之事，同时还得"粗衰、斩、苴经带、杖、菅屦、食粥、居倚庐、寝苫、枕草。"其中粗衰是一种丧服，胸前正中缀有一块长六寸、宽四寸的麻布，称衰。斩是当时五种丧服中最重的一种，用最粗的麻布制成，不缉边，断头外露，以示哀痛不修饰。苴经带也是丧服的一种，即用稻草搓成草绳拴于腰间。杖即孝杖，也称丧棒，居丧时期手拿着。菅屦即草鞋，居丧时穿。倚庐是守丧时住的屋子，搭在家宅中门外的东墙下，倚木为庐，门向北开，用柴草盖成，不涂泥。寝苫指睡在苫草编成的草席上。枕草，居丧时以草或石块作枕。所有这些，构成为古人的"居丧之礼"。

于是下令在山前山后四下放火。

人间始有寒食节

时当初春，林木干燥，大火烧了三天三夜，只烧得野猪狐兔到处乱窜，就是不见人影。等山火熄灭，军士搜山，只见介子推母子怀抱枯树已被烧死。晋文公见此惨状，号啕大哭。于是下令：于绵上立县，取名介休，意为介子推休憩之地，改绵山为介山，并于山下建立祠堂，岁岁祭祀。

晋国百姓为纪念这位廉介君子，用见火忧伤之意，约定俗成清明节前一天，即介子推被烧死的这天为寒食节，先为一月，后减至三天。至今山西南部地区仍有在此节期间"禁火"、"禁烟"之俗，家家预备干粮，门前插柳，或野祭，据说就是纪念介子推的遗俗。

工艺纯熟精湛的蟠蛇纹鼎

春秋时期鼎的制造工艺已是相当纯熟，其器表装饰性很强。顶部的圈形捉手镂空，盖与口扣合处有三个扁方形卡口。鼎腹较浅，下腹壁大幅收敛，附双耳，三兽蹄足。鼎腹饰绳索纹、蟠蛇纹和蕉叶纹。

○三○

计取商密

秦穆公想安顿周襄王，反被晋文公抢先做成了，为向国人有所交待，于是智取商密。

春秋时代第一个中原霸主齐桓公于公元前643年去世了。这使得几个大国之君蠢蠢欲动起来：刚回国当上国君的晋文公其实早有在中原争霸的野心；秦穆公也想在函谷关以东发展；一直被人们视为南蛮之国的楚国也想逐鹿中原。这三个大国究竟谁会得手呢?

晋文公勤王成功

公子重耳在外流浪了十九年，备受艰辛，回国当上了国君。晋文公即位后一心争霸中原，现在时机终于来临。由于太叔带作乱，逼使周襄王出奔到郑国避难。秦穆公也认为这是秦国向东发展的好时机，于是率军抵达靠近洛阳的黄河边上，准备安顿襄王回王城。诸侯国率军帮助周天子解难，当时称为"勤王"。晋文公的舅父狐偃对文公说："要想得到各诸侯国的拥护，最适宜的大事莫过于勤王了。如今正是好时机！"晋文公便率领了两支军队南下，迅速抵达阳樊，即今河南济源县东南，并派右军包围盘踞在温的太叔带，派左军保卫周襄王。晋右军轻而易举地战胜了太叔带，并把他杀了。晋左军保护着周襄王和眷属进入王城，襄王恢复了天子之位。

晋文公在周朝廷按照礼仪循规蹈矩地向天子行了朝见之礼。周襄王也以礼举行了盛大的答谢宴会，并且赐予晋文公阳樊、温、原、州、陉等地，大约相当于今河南新乡地区的范围，这使晋国的领土向南推进了一大片。晋文公勤王的一招真的十分见效。

善战的山戎：某贵族墓葬
和其他北方少数民族一样，山戎也极善战。公元前 6 世纪，山戎已发展得颇为强盛，曾入侵过郑国、齐国、燕国，后来被齐桓公打败，其族人也渐渐融入汉族及其他少数民族中。图为北京延庆县发现的山戎某贵族墓葬，其中出土了不少铜短剑和铜马衔。

公元前605—前562年

前605年
前562年

世界大事记
新巴比伦国王尼布甲尼撒二世在位。

《左传·僖公二十五年》
秦穆公 晋文公
善思 谋略

人物 关键词 故事来源

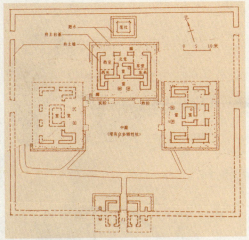

春秋秦国祭祀先祖的宗庙建筑图

春秋时期，祭祀先祖是最重要的活动之一。在陕西凤翔马家庄秦故城遗址发现了春秋时的宗庙建筑群，这是三代以来保存最完整的大型宗庙。该庙建于春秋中期，是一个近似方形的院落，总面积近7000平方米。内有三座建筑，分别为太祖庙和昭穆庙。当时秦尚为周之诸侯，按礼制规定，"天子五庙，诸侯三庙"，秦宗庙正与此相合。

秦穆公南下发展

秦穆公眼看着成熟的桃子被晋文公抢先一步摘走了。既然军队已经开拔在外，一事未成，必须做一件成功的事才能班师还朝，于是约定晋文公的军队联合攻打鄀国。鄀国有上鄀、下鄀两国：下鄀在秦国和楚国的交界处，都城为商密，在今河南淅川县西南；上鄀在今湖北宜城市东南。秦穆公要攻打的是下鄀。

下鄀虽然是蕞尔小国，但是对于秦国来说，若取得下鄀，则在向东向南扩张的道路上有了一个据点；对于楚国来说，下鄀是抵抗秦国南侵的前沿阵地。驻守楚国北部边境的申公斗克和息公屈御寇各自率领了一支军队驻防在商密附近，以帮助下鄀抵御秦晋联军。

神出鬼没的战争行动

秦穆公深知斗克和屈御寇率领的申、息之师是楚军中极具战斗力的部队，而自己的军队已是疲师在外，若按常规的正面作战，胜算甚少。于是避开楚军，绕道经过下鄀国的另一个城邑析，约在今河南淅川县西北。在黄昏时分，秦军把自己军队中的部分役卒捆绑起来，假装是已经攻下了析而抓获的俘虏，并"押"着这些"俘虏"包围商密。夜幕降临，秦穆公又主持演出了同"斗克"、"屈御寇"歃血为盟的假戏。商密人看到这种情景，恐惧地说："秦军已经攻取析邑了，帮助戍守的楚人也与秦订立盟约，快要返回了。"于是，商密人打开城门，向秦军投降。商密投降后，秦军连夜偷袭楚军，俘获了斗克和屈御寇。等到楚国的统帅令尹子玉得知两个将领被掳、派军追赶时，胜利班师的秦军已经远去了。秦军未动干戈，未伤一兵一卒，用计取得下鄀国，这说明当时的战争，已尽量避免硬拼硬打，而采取各种诡诈的手段，减少损失，以智谋取胜，这是战争的进步。

秦国攻取下鄀国，其战略地位和收益虽然不能同晋国获得的阳樊、温、原等地相比，但毕竟也是秦穆公在向东向南扩张的过程中所做的一件大事。

> **历史文化百科**

〔从血缘组织到地域组织：先秦时代的"里"〕

"里"是一种基层地域性社会组织，在不同历史阶段内表现为不同的社会内涵。西周时期是"里"的萌芽期，以居民血缘亲族组织为社会基础，表现为地域性和血缘性的双重特性。春秋时期是"里"的成长期，普遍被用作各国城邑中最基层的地域性区划单位，也是最基层的社会组织，同里居民不再同属一个亲族组织。"里"具较强的自治性能，有一定的行政、生产与军事的组织作用。战国时期是"里"的成熟期，虽仍设于城邑之中，但已成为县制度下最基层的地方组织，其主要社会作用为维护社会秩序，保障对居民徭役和兵役的征发，其政治性、地域性的功能最终确立。

春秋黄国玉器：异域民族人头像

僖公二十五年至二十八年

《左传·晋语》
《国语·晋语》
《史记·晋世家》

晋文公　楚成王
退避三舍
韬晦　谋略

人物　典故　关键词　故事来源

晋国的崛起打破了原有平衡

晋文公选贤任能、轻徭薄敛、发展生产，晋国由此大治。他又实行睦邻外交，同秦、齐等国修好。公元前635年春，他带兵助周襄王平定王子带之乱，被赐阳樊等地，于是，渐渐地有了齐桓公"尊王攘夷"的盟主风范。

晋国的崛起，打破了列国间原有的平衡，局势剧变。先是楚国为争霸中原，加紧向北扩张；其次是得罪过流亡期间晋文公的曹、卫等国，怕晋文公报复，纷纷倒向楚国，特别是卫国，更同楚国结成通婚之好，以求庇护。而宋国因宋襄公善待过重耳，又恨襄公争霸时遭受过楚国凌辱，继位的宋成公便断绝了同楚国的来往，完全投向晋国。楚成王大怒，派令尹子玉、司马子西为将，联合陈、蔡、郑、许，出兵伐宋，包围了宋国的缗邑。宋成公遣使向晋国求救。

"报恩、救难、取威、定霸在此一举"

晋文公召集群臣商议。大臣先轸说："晋楚争霸，已势成水火。现在楚国纠集重兵围攻宋国，意在先发制人。于我晋国而言，报恩、救难、取威、定霸在此一举！"狐偃说："我等流亡时，楚王曾有恩于我，直接出兵与楚接仗，情面上似乎有亏，我们避其正面，攻其必救，就可避开这份尴尬。"晋文公点点头，问："那么，其必救何在呢？"狐偃回答说："曹、卫二国就是必救！主公可以当年曹、卫二君无礼于我的名义，发兵攻打。曹、卫一

晋文公称霸

楚成王礼遇晋公子，重耳开出了一张"退避三舍"的报恩期票，不料，数年后变成了诱敌深入的死神陷阱。

急，楚国必移师援救，宋国之围不战而解。"晋文公说："计策是好，不过楚国移兵来救，晋楚便直接照面。以实力论，我方难握胜算，如能得齐、秦相助，楚军必败无疑。但又如何向齐、秦开口呢？"先轸想了想，说："不妨先设法使楚国得罪齐、秦，然后再激两国出兵。"晋文公问："可有妙计？"先轸说："第

率先挑战周王权威的楚武王

楚武王姓熊名通，公元前741年，其兄蚡冒卒后，他杀死侄子自立为楚君。熊通在位期间，楚国国势蒸蒸日上，对外扩张取得了很大的成就。公元前704年，熊通抛弃周朝的子爵封号，自称楚武王，开春秋时诸侯称王的先河。楚武王在位52年，到他去世时，楚国已经统一了整个江汉平原，打下了北上争霸的基础。

春秋黄国玉器：异域民族人头像（左页图）
商末周初，伯益后人在今河南潢川建立黄国，国君被周朝封为子爵。公元前648年，被崛起的楚国兼并。这件玉雕人头1983年出土于河南光山宝相寺，是黄国众多出土玉器之一。玉材呈黄褐色，采用透雕手法刻画出一个高鼻、深目、大下颌的戴冠人头像，双耳和头部都有穿，用以系挂。

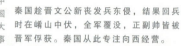
一步，让宋君遣使齐、秦，央齐、秦劝楚退兵。第二步，等齐、秦使者出发，我即发兵攻打曹、卫，将所得之地转送宋国。楚国见劝他不攻宋，而宋竟占领曹、卫土地，必定拒绝。齐、秦被拒，面子全失，那时我再出面邀其一起出兵，齐、秦自然为我所用了！"晋文公一听，连称"妙计！"于是依计而行，楚国果然中计。

先轸的谋略

公元前 632 年春，晋文公尽发三军，一举攻破曹、卫，活捉曹共公。楚国震动，成王下令移师救卫。主帅令尹子玉派将军宛春送信给晋文公说："晋如恢复曹、卫旧状，楚即解除对宋的包围。"晋文公接信后，一面想起楚王、子玉等对自己的旧情，一面又觉得用已被占领之曹、卫，交换被围的宋，未免吃亏，一时举棋难定。先轸进言说："我看可以答应子玉的要求。试想：我如拒绝楚国要求，宋绝望降楚，楚国势力更加强大，且曹、卫、宋都感激楚国恩德。我却与三国结下怨恨。不如私下答应恢复曹、卫，以此离间二国同楚国的关系，同时扣留楚使，激怒楚国。然后与齐、

商丘古城遗址

公元前 632 年，晋文公面对来势汹汹的楚军，听取了狐偃的建议，退避三舍（三十里为一舍），随后在城濮大败楚军，并奠定其中原霸主的地位。而晋楚城濮大战的起因是宋国的背楚从晋。前 635 年，楚成王派遣大军围困宋都商丘，宋国便向晋国求救，而这正好给了晋文公称霸中原的绝好机会。图为商丘古城墙遗址。

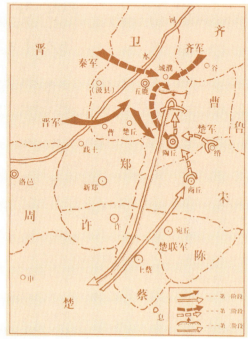

晋楚城濮之战示意图

公元前 632 年，晋、楚两国正式在城濮（今河南范县）决战。晋军列阵于莘北，胥臣以下军抵挡陈、蔡的军队。楚军子玉将中军，子西将左军，子上将右军。晋胥臣先冲杀陈、蔡联军，陈、蔡联军崩溃，楚的右军也溃退。晋上军狐毛和下军栾枝假装溃逃，诱使楚军追逐，晋先轸、郤溱以中军横截楚军，狐毛等以上军夹攻击溃楚左军，楚军只剩子玉的中军。在兵败回国途中，楚王又逼得子玉在连穀自杀。于是，晋军凯旋，晋、郑在衡雍结盟。周王到会，又宴请晋文公，并加赏赐，还下诏称晋文公为叔父，令他安抚四方诸侯，惩治不朝的邪恶。晋文公正式被命为侯伯，成为春秋时代第二个霸主。

秦同盟，集中兵力，打垮楚军，完成我称霸的目的。"先轸的一席话，说得人人叫好，文公决定照此办理。

退避三舍，大败楚军

楚成王料子玉不是晋文公等人的对手，让人送信令其撤兵。恰在这时，宛春被押，子玉不禁大怒。

退避三舍

楚国一直做好了向中原大进军的准备，公元前632年，楚国倾国而出，围攻宋国，宋向晋求救。晋文公发兵先攻下楚的盟国卫国和曹国，楚军见势不妙，不得不撤出宋国。但率领楚国主力军的大将子玉却不听从楚王撤军命令，决定要与晋军一争高下。晋国大臣先轸向晋文公献策：一面暗中允许曹、卫复国，以离间曹、卫与楚的联合，一面扣留楚使，以激怒楚军主帅子玉。晋文公一一照办。子玉大怒，发兵攻晋，晋军后退。晋文公为实践昔日答应楚王的承诺，晋楚交战，晋军主动退避三舍之地。晋军退到城濮驻扎下来，子玉又带兵前进。于是，春秋时期最著名的一次大战（城濮之战），就在晋军退避三舍、楚军步步紧逼之中发生了。此二图均出自清末石印本《东周列国志》。

曹、卫二君的绝交书也在此时送达，子玉更是火上加油。他暴跳如雷，下令撤去宋国之围，全军北上，欲与晋军决一死战。

晋、楚相遇，楚军排列阵势：楚在中，郑、许在左，陈、蔡在右。晋文公下令后退一舍，古代一舍为三十里。众将领不解，纷纷请战。狐偃解释说："昔日主公在楚，曾对楚王说过：'他日晋楚相争，晋当退避三舍，以报今日之恩。'现在后退，正是主公不失信于人。我军退后，楚军再若相逼，则楚以一名臣子逼

晋一国之君，道理上他们就亏了。我们以君避臣，全军皆有怒气；他们以臣逼君，将士自成骄心。彼骄我怒，请问孰胜孰负？!"大家听了频频点头。

晋军连退三舍，楚军步步进逼，直逼至城濮。晋文公令少量军队佯败，子玉中计，挥师急进，晋军伏兵尽起，与齐、秦、宋军四面合击，楚军大败。子玉受到楚成王的责备，乃自杀身亡。"退避三舍"，原是一份人情，可运用得好，人情变成了陷阱，晋军因此获胜。

举行盟会，朝见周王

晋文公击败了楚国。在获得周襄王同意后，同年五月，晋文公召集齐、鲁、宋、蔡、郑、卫、莒、陈八国，连同晋国共为九国，于践土，即今河南原阳县西南举行盟会。周襄王亲自赴践土，晋文公到践土的王宫朝见周王，献上楚俘，有战车百乘，徒兵千人。周襄王即册封晋文公为"侯伯"，并赐以大辂、彤弓等礼品及虎贲（勇士）三百人。晋文公终于成为继齐桓公之后中原华夏族的又一代盟主。

> **历史文化百科**

〔五种军事绝地：五墓〕

春秋战国时期流行的一项军事术语，专指五种容易遭到敌军袭击而有全军覆没危险的五种绝地。它们分别是：天井、天宛、天离、天隙、天招（zhāo 树摇之意）。天井指四周高中间低洼地形；天宛指山险环立、易进难出地形；天离指树密草深、行军困难且无从防备地形；天隙指两山之间极为狭窄的谷地；天招指沼泽密布、泥泞易陷之地。

○三二

烛之武智退秦师

秦晋两国大军压境，烛之武智退秦师，晋国也只好撤兵，解救了郑国的危难。

秦晋围郑，危在旦夕

晋文公在城濮之战以后确立了霸主的地位。可是地处中原的郑国有几件事做得不地道：在城濮之战中，郑文公派了一支军队帮助楚国作战；在晋文公向周襄王贡献战利品、行朝见礼时，郑文公竟然以卿的身份辅佐襄王，既对晋文公无礼，并有不服晋国之意；又正在暗底下勾结楚国。周王室也不满郑文公的所作所为，派王子虎召集

鲁、晋、齐、宋、陈、秦等诸侯国的使者会盟，要各国出兵讨伐郑国。可是会盟后真正愿意出兵的唯有晋国和秦国。

晋国当然要出兵：一是晋文公要洗雪郑文公的无礼之恨；二是作为霸主之国要带头执行天子的旨意；三是郑国若倒向楚国，就是在晋楚逐鹿中原的天平上为楚国加上一个重重的砝码。秦国为什么要出兵？秦穆公还是要为实现向东扩张的梦想而一搏。

春秋齐国刀币

刀币是外形与刀相似的货币，起源于东方渔猎及手工业发达的地区，由一种称做"削"的工具演变而来。齐国刀铭上有"化"字，以"化"（货）为单位，故亦称"刀化"，形制仿青铜刀削，多作凸背凹刃状，且标明地名。如在山东北部不断出土窖藏的一种面文为"齐之法化"、"节墨之法化"、"安阳之法化"、"齐法化"等的刀币，多者一次出土数千枚，少者几十枚。学者研究认为是春秋时代流通的齐国的金属铸币。

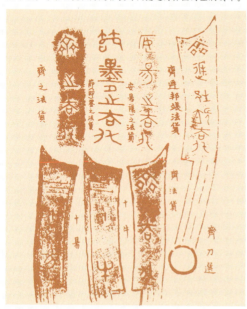

足智多谋，晓以利害

郑国的兵力本来就难以抵抗秦国或晋国一国的军队，更何况现在秦晋两国的大军压境呢！郑国危在旦夕。郑国有大臣向郑文公建议：若让烛之武去见秦穆公，一定会使秦军退去。秦军一旦退走，就能解郑之围。

郑文公就去见烛之武。烛氏却一口拒绝，说："我年轻时就不如人，现在老了，更没有用了。"郑文公听出了烛氏的话中之音，于是道歉说："我不能及早地重用先生，现在遇到危急才想到你，这是我的过错。可是郑国若被灭亡，对先生也会不利的吧。"考虑到国家的危亡，烛之武勇敢地担起了重任，于是在夜晚让守城的士兵用绳子把他吊放到城外。

烛之武拜见秦穆公后，就同他作了一番交谈，当然是为了实现自己退秦军的计谋。首先，烛氏向秦穆公阐明利害关系：攻打郑国，其利在晋不在秦，秦国艰难地劳师动众是在为晋国的霸业添筹加码。第二，烛氏挑拨了秦晋关系：秦穆公曾经出大力先后帮助晋惠公、晋怀公上台，晋国发生饥荒，秦向晋支援了大量的粮食，可是秦国闹饥荒，他们却颗粒不给；晋国曾答应割地相谢，可是他们立即筑城，以抵御秦国的接收；晋国的国君是贪得无厌的，若郑国灭亡，成了

春秋圆鼎

青铜鼎是古代的食器，用于煮或盛放鱼肉，形制大多圆形三足两耳，亦有四足的方鼎和圆形、方形扁足鼎、分裆鼎等形式。在古代社会中，鼎被当作"明尊卑，别上下"的等级制度和权力的标志。古代用鼎制度，按一定的规格陪葬一定数量的鼎。春秋早期鼎的式样承袭西周晚期形制，并稍有变化，中期以后，鼎的形制和纹饰的改变剧烈。春秋圆形鼎的器身一般为盆、盂或缶属之形状，大多为兽蹄足。如春秋早期蟠蛇纹鼎，直口平缘，厚大的斜立耳，腹宽而丰满，矮兽蹄足。春秋早期秦公鼎，口微敛，腹线以下鼓出，器体偏宽，兽蹄足粗大。春秋中期兽目交连纹鼎，为圜底鼓腹兽蹄足式。春秋晚期蔡侯鼎，为直口覆盖附耳深腹生兽蹄足式，平盖圆肩，中央套铸一环，周缘有三个8字兽纽，兽蹄足上段饰兽面，中段较长，下段为蹄形。这种形式的鼎为长江流域诸国通例。

历史文化百科

〔先秦通行证：传、节〕

传是春秋战国时期各国普遍使用的一种通行凭证。材质大多为木，也有用帛的。一般木传长五寸，上面画有符信，再用一块板封住，封泥上大多印以御史章徽，以昭凭信。如是帛传，则基本是一式两份，持有人及关隘处各留其一，核对无误便予放行。传通常与节相辅而用，以节为主。

节的材质及形制依持节人的身份不同而不同，所谓"守邦国者用玉节，守都鄙者用角节。凡邦国之使节，山国用虎节，土国用人节，泽国用龙节，皆金也"。此处"金"字作铜解。玉、铜节只是少数，大部分的节都用竹制。

晋国的领土，继而就会肆意地向西扩张，使秦国受损。最后，烛氏代表郑国答应秦军撤退的条件：让秦国派一支军队驻扎在郑国，郑国愿意成为秦国向东扩张的"东道主"，向秦军提供粮草辎重。秦穆公参与攻打郑国意图就是想在郑国建立一个据点，既然目的可以如此轻而易举地达到，又何必再让士们冒矢石、捐身躯呢？秦穆公就欣然接受了郑国的条件，让杞子、逢孙、杨孙三个将领率领一支秦军驻扎在郑国，自己就率军回国了。

孤掌难鸣，三个不利

秦军撤退后，就剩下晋国一国的军队了。晋国的狐偃请以晋军单独击郑，晋文公制止说："不可。晋、秦两国约好共同击郑的，现秦国突然单方面退兵，这样微妙的变化，人的力量是不能达到如此的。用人的力量去故意破败一个国家，这是不仁；失去盟国而单独干，这是不智；以乱之势代替联合出军，这是不武。有这样三个不利因素，我们还是回去吧！"于是，晋国也撤兵归国。烛之武的计谋解救了郑国破败、灭亡的危机。

铸造青铜器的凤纹陶范

陶范法是一种采用陶土制成铸型（范）制作青铜器的方法。此种铸造工艺需要制模、制泥范、泥范阴干、焙烧成陶范后再浇铸等多道工序，费时费力，后世渐少使用。燕下都遗址发现了大型青铜器铸造工场，从中出土了数万件各种形制的陶范，代表了战国时青铜冶铸技术的发展水平。

○二三

临危自救

危急关头，郑卿叔詹主动前往晋营。临刑前，自忖必死的他直白苍天。想不到因此得到了晋文公的尊重，千钧一发之际救回了自己的生命。

晋文公对流亡时期的恩怨，记得非常清楚。凡有恩者，当给予报答；凡有怨而曾对晋文公非礼待遇者，必予以报复。

晋文公执意报复

公元前 630 年春，晋文公发兵讨伐郑国，报复流亡时郑文公对他的污辱。大军兵临郑国都城新郑城下，失去楚国依靠的郑文公一筹莫展。晋文公递过话去，要郑文公拆去城上的女墙，使其失去守备功能，以示污辱。郑文公派使者拿了传国宝玉去献给晋文公，请求通融。晋文公想起当年逃经经过郑国时，郑国上卿叔詹甚至建议杀了他们一行以绝后患，不由怒气难平，对郑国使者说："不拆女墙也行，回去告诉你们国君，只要把叔詹缚了送来，寡人就下令退兵。"

郑叔詹在劫难逃

使者回报郑文公，郑文公十分为难，自己过去得罪了人，如今却出卖下属，今后如何面对大臣和天下诸侯？叔詹见郑文公为难，就上前一步，主动请求前往晋营。郑文公不答应，叔詹坚决请行，说："舍臣一

人而可救百姓、保国家，主公何必阻止微臣前去呢？"郑文公无可奈何，只得答应叔詹的请求。

勇敢与机智救了他

叔詹被押到晋军大营，晋文公下令将他处以烹刑，就是投入鼎镬中活活煮死。叔詹毫无惧色，向着晋文公大声说："死便死耳，只是请晋君允许臣下把心中的话说出来，然后就刑。"晋文公想听听他说些什么，就点头

郑叔詹临危自救

公元前 630 年，晋、秦联军围攻郑国。郑文公听从大夫佚之狐的建议，派大臣烛之武去游说秦穆公。秦穆公与郑国私下结盟，留杞子等帮郑戍守，自己带兵回国。郑文公又派人到晋军中求和，献出曾欲加害晋公子重耳一行的谋臣叔詹。晋文公准备烹煮叔詹，叔詹面不改色，慷慨陈言，说了一通仁、智、忠、勇的道理。晋文公听罢，大为称赞，不但没有杀叔詹，而且加礼甚厚。此图出自清末石印本《东周列国志》。

春秋早期青铜器：交龙纹匜

图为春秋早期的交龙纹匜，短槽、深流、圆腹、圜底，下具四条兽蹄足，后部有龙形鋬，匜身饰交龙纹。

精美绝伦的莲鹤方壶

青铜壶一般用于盛酒，主要盛行于春秋战国时期。这件莲鹤方壶 1923 年出土于河南新郑李家楼春秋郑国大墓。此壶原为一对，通高 126 厘米，形制宏伟。 器身上下遍布各种纹饰，不仅造成异常瑰丽的装饰效果，而且反映了在春秋时青铜器艺术审美观念的重要变化。壶盖上部为两重向四周翻仰的莲瓣形装饰，烘托出盖心一只展翅欲翔的仙鹤。鹤的形象生动真实，为早期青铜器艺术中所罕见。此壶形制极其复杂，设计异常奇妙，铸作技巧精湛，堪称春秋时期青铜艺术的典范之作。

同意。叔詹说："上天降灾祸于我郑国，使我君主像昏聩的曹君一样对晋公子无礼。我曾向敝君主进谏，晋公子虽逃亡在外，但他礼贤下士、德才兼备，随他流亡的辅臣个个都是卿相之才。如果将来晋公子复国为君，晋国必定强盛无敌，那时，郑国必定遭殃。今天，不幸被我言中。微臣作为郑国上卿，能在国家危难之时，以一己生命免生民于涂炭，乃是我的光荣；以一己生命为国君消除祸殃，乃是我的忠诚。"叔詹说罢，看着熊熊烈火上沸水翻滚的大鼎，头也不回地走过去，手攀鼎耳大叫道："从今而后，竭智尽忠报效君王的臣子，都将和我叔詹一样下场啊！"晋文公闻言大惊，急令手下拉住叔詹，撤下鼎镬，不仅不杀叔詹，反而以厚礼相待，释放他回去。

叔詹以自己的无畏与明智，既救了自己，也救了郑国。

> **历史文化百科**

〔美轮美奂的青铜工艺：错金银、鎏金〕

错金银也称金银错，是开始于春秋，至战国中期臻于鼎盛的一种青铜工艺技术。通常做法是在铸造青铜器时，预先在器表铸出浅凹的铭文或纹饰，部分精细的难以在铸造时完成的纹饰，则在铜器铸成后再用工具錾刻上去，形成凹槽，然后在这些凹槽内嵌入金银丝或金银片，再用厝(错)石及其他材料将器表打磨平滑。因金银与青铜发出不同的光泽，使错上去的金银图案或文字看上去异常美观。此种工艺最初见之于兵器上，然后开始在青铜礼器上大量使用。采用错金银工艺的器件，也由兵器、礼器向乐器、符节、玺印、车饰、带钩、铜镜等各种生活日常用器上延伸。

鎏金是另一种金属工艺技术。先把锻成金箔的黄金剪碎，放入坩埚中加热至 400℃ 后倒入汞，通过搅动使金、汞相溶，形成银白色的"金泥"，然后将金泥均匀地涂到器物上用炭火烘烤，金泥中的汞在烘烤中蒸发，器表上只留下了黄金，金泥的颜色也由最初的银白色变成了最后的金色，再经刷洗、压光即完成了鎏金的工艺。此项工艺适用于红铜、银及含铅、锡量不超过 20% 的青铜器。

秦军秘密袭郑

秦穆公一直想向东发展，但被强大的晋国紧紧卡住，几次试探都失败了。公元前 628 年冬天，晋文公死了，秦穆公顿时感到搬去了心上的一块石头。这时，穆公派去帮助郑国守备的将军杞子派人回来报告说："郑人使我掌管新郑北门钥匙，潜师而来，郑国可得。"

秦穆公为了不露风声，单车出宫去找老臣蹇叔商议。蹇叔认为袭郑不妥，说："秦、郑相隔遥远，军队尚未到达，郑国已先有防备。以我孤军深入、远途奔袭之师，强攻以逸待劳、据坚固守之郑军，怎能成功？再说，一旦受挫，千里回师尤为大危险！"满怀希望的秦穆公被蹇叔浇了一头冷水，心里很不高兴，心想：古人说"人老无刚，剑老无芒"，果然不错，如此前怕狼后怕虎，还能干什么大事？想到这里就对蹇叔说："机不可失，寡人主意已定。"秦穆公回到宫中，即传令任命百里奚之子孟明为主帅，将军西乞和蹇叔之子白乙为副帅，率军奔袭郑国。

春秋金属货币：空首布（上图）
空首布是春秋时期的金属货币，西周时已有铸贝，为金属货币。分耸肩和平肩两种，大小不一。金属货币的出现反映了当时商品交换的发展。

弦高犒军

人言商贾唯利是图，可郑国弦高却爱国至上，在黑压压逼境而来的秦国大军面前，弦高的那份智慧、自信，使郑国避过了一次大灾难。

老臣哭阻无效

大军出发，秦穆公与文武百官到东门外送行。白发苍苍的蹇叔深感这次行动凶多吉少，不由哭着对老朋友百里奚的儿子主帅孟明说："孟儿啊，我今天看着你们出发，恐怕再也看不到你们回来了！"秦穆公听到这种丧气的话大为恼火，不由分说让手下人把蹇叔赶到一边。

秦国大军冒风顶雪，跋山涉水，向东进发，历时一个多月，方于公元前 627 年春天来到滑国，即今河南偃师市缑氏镇。这时正好有个名叫弦高的郑国商人从滑国经过，他赶着一大群在东边买的牛准备赶到西边周地去卖，迎面碰到奔袭郑国的秦国大军。弦高大惊，心想一群牛事小，国家安危事大，郑国君臣百姓对此还一无所知，秦军奔袭过去，郑国岂不生灵涂炭？想到这里，他一面派一名伙计日夜兼程赶去向郑君报告，一面取出几张熟牛皮，又挑了十二头肥牛，拦在路上，高声大叫："郑国使臣弦高求见秦军主帅！"秦军前哨大吃一惊：我们正想偷袭郑国，郑国使臣怎么已经到了这里？不敢怠慢，急忙报入中军。孟明听到报告也一惊，原先的那种偷袭的兴奋顿时被一种泄密的沮丧情绪所取代，不知究竟是怎么回事，只好狐疑不定地叫手下传郑使来见。

前585年 公元前585年

世界大事记 米堤亚进攻吕底亚。5月28日日食。

孟明 弦高 秦穆公

弦高犒军

果断 机智 爱国

弦高 秦穆公

《左传·僖公三十二年》
《左传·僖公三十三年》
《吕氏春秋·悔过》
《史记·秦本纪》

人物 典故 关键词 故事来源

> 历史文化百科 <

〔先秦集贸管理：质正、质剂、质律〕

　　质正也称质人，是先秦时期各地市廛中掌管交易的平准官，大凡集市里商品交易，如"货贿、人民、牛马、兵器、珍异"等均归质正管辖。质剂是当时买卖双方达成交易之后所用的约券，用木札写上有关文字，分之为二，买卖双方各执其一。买卖人口、牛马用长券，称为质；买卖兵器、珍宝用短券，称为剂。当时管理市场物价的法律称质律。

弦高急智救国

　　弦高整整衣冠，强自镇定地装出一副谦恭的样子上前与孟明施礼说："敝国君主听说秦君派大军来问罪于敝国，敝君知罪矣，特遣下臣远道相迎，并以肥牛十二头作犒师之资。现在郑国军民正整饬纲纪，以自检讨。"弦高一席话，说得秦军上下心中凉气直冒。孟明见计谋已经败露，成功也已无望，不得不随机应变，强露笑容对弦高说："郑君误会了，我军实是东巡走迷了路，才来到这里，与郑国没有干系。"弦高作揖谢过，留下牛儿走了。正在郑国北门等待秦军消息的杞子，得知阴谋败露，料自己再难呆在郑国，急忙收拾行李逃走了。

　　秦军主帅孟明真以为弦高就是郑国的使者，他送的熟牛皮和十二头牛是郑国犒劳秦师的礼品，便对大家说："郑国已有准备，不可能希望速胜。攻它不克，围它又缺乏后继的部队和物资，我们将处于尴尬的境地，还是回去吧！"秦师攻灭滑国，就回师而去。弦高急中生智，扮作郑国使者来到秦军中，消弭了一场灭国之灾，真是一位令人敬仰的爱国商人。

弦高假命犒秦军

公元前628年，秦大夫杞子掌管郑国北门锁钥，暗约秦军对郑发动袭击。秦穆公派孟明等为大将，前去偷袭郑国。当秦军行进到滑国时，郑国商人弦高看出了秦军的动机。于是，他一边派人火速回国送信，一边假装成郑国的使者，带上12头牛去犒劳秦军，并说：我们国君听说你们要来，特派我前来慰问。孟明以为郑国早有防备，只好撤军。驻守在郑国的杞子等人也慌忙逃离了郑国。商人弦高的爱国行动，拯救了郑国，后世以"弦高犒军"表示爱国行动。左图出自明刊本《片璧列国志》。右图出自清末石印本《东周列国志》。

〇三五

崤山中埋伏

秦穆公不听劝告,主帅孟明心存侥幸,结果崤山中伏,秦军精锐尽数成了绝地冤魂。

晋军丧期设埋伏

秦穆公发兵偷袭郑国的消息传到晋国,引起正处于丧期的晋襄公的不满。郑国是晋国同姓,晋君又是天子所封的盟主方伯,你秦国不声不响出兵郑国,岂非明目张胆向晋国挑战?于是晋襄公立即召集群臣商议。众臣一致以为,秦穆公帮助晋文公,乃是私谊,维护中原秩序,则是公道;公私不能混淆,必须对秦军采取措施。中军主帅先轸献计说:"秦军千里奔袭,依路程计算,初夏时分将经过晋秦交通咽喉之地渑池,渑池西面的崤山是秦军回国必经之路。崤山分东西两峰,相距35里,山高林密,形势险峻,有几处地方车辆无法行走,只能解下马匹推行,我军若于此处设伏,秦必无逃生之路。"晋襄公依计而行,尽发三军,又函邀附近的姜戎一起出兵,在东、西崤山的前、后山口及左右两翼布满伏兵,自己则统帅晋军主力隐蔽于崤山侧翼,伺机出击。

孟明大意中计

被弦高唬退的秦军,眼看希望破灭,不甘心空手而归,就改变计划攻灭滑国,尽掳滑国财帛子女满载而归。四月十三日,秦军来到渑池。望着脚下的道路逐渐向险峻的崤山伸去,副帅白乙对孟明说:"主帅,崤山形势险峻,家父临行前再三叮嘱,到此务必小心!"孟明抬眼看了看崤山,一边思索一边说:"我军出来已三个半月,将士们归心似箭,过了崤山便进入秦国境界,此时怎肯缓行?近边对我们可能有威胁者唯有晋国,他们正处于文公治丧期,依礼不宜刀兵,何况我穆公又曾有大恩于文公,我们此番又不曾侵扰晋国,想必不会为难我们。"白乙想想也是。就不再疑虑,下令加速前进。

孟明亲自督率前军向崤山逶迤前进。渐渐地,上天梯、堕马崖、绝命岩、落魂涧、鬼愁窟、断云峪等险绝之处一一来临,秦军回乡心切,只顾前行,无奈山道险阻,车辆难行,加上掳掠了滑国的大量财物百姓,使队伍更加冗长。孟明为加快速度,下令士兵解辔卸甲,或牵马、或扶车,整个队伍没了章法,断断续续,零零落落。

形势险峻的崤山战址

秦晋崤之战发生在古时的三门峡,这儿自古是兵家必争之地。周襄王二十五年(公元前627年)晋襄公为维护霸业,与来侵的秦穆公展开决战。结果,晋军借助有利地形大获全胜。崤之战遗址就是对这次战争的纪念。

世界大事记

古雅典各政治派别协议，增加执政官为10名。

《左传·僖公三十二年》
《左传·僖公三十三年》
《史记·秦本纪·晋世家》
《吕氏春秋·悔过》

谋略　盲动　忠言
孟明　秦穆公

人物　关键词　故事来源

晋襄公崤山设伏

公元前628年，晋文公去世，太子驩即位，是为晋襄公。晋国举国为晋文公服丧，这时，秦穆公不听蹇叔之言，派孟明、西乞术、白乙丙领兵袭郑。蹇叔哭着为儿子送行，预言晋军必在崤山二陵之间设伏，秦军"必死是间，余收尔骨焉"。事情果如蹇叔所料，晋襄公穿上墨染的丧服率兵出征，在崤山设伏，大败秦军，俘虏了秦军主帅孟明、西乞术、白乙丙。此图出自清末石印本《东周列国志》。

秦军全军覆没

正行进间，忽闻隐隐传来鼓声。后队来报，晋国军队断了秦军后路！正在赶路的孟明一听，不由倒抽一口冷气，定睛四顾，一边是危峰峻石，一边是万丈深渊。侧翼如有晋国伏兵，滚石而下，秦军即面临灭顶之灾。

于是急令后队变前队，前队变后队，试图撤出险区，退到后面空阔处与晋军交战。但为时已晚，正在秦军掉头之际，两侧山头上鼓声大作，旗幡摇动，埋伏着的晋军一齐出动。首尾不能相顾的秦军顿时被晋军切为数段，滚石檑木、弓箭矛矢如雨点般打来，为躲避晋军的突然袭击，秦军士兵四处乱窜，山谷间一片惨号声。晋襄公见火候已到，下令合围，不过半天时间，秦国的袭郑大军已全军覆没。孟明视、白乙丙、西乞术三帅被晋军活捉。

消息传到秦国国内，秦穆公惊得目瞪口呆，过了半晌，穿起丧服，率文武百官来到东郊，向着秦军无归的方向号啕大哭，说："寡人昏愦，不听蹇叔忠告！孟明全军覆没，罪责全在寡人！请苍天保佑他们，所有罪过全由寡人承当吧！"

> **历史文化百科** <

〔秦国早期的金器与铁剑〕

1993年，考古工作者在陕西宝鸡益门村一座早期秦墓中，发现了二百余件(组)随葬品，其中金器一百余件、玉器八十余件、铁器二十多件。在当时，这是我国先秦墓葬中出土铁器时间最早、数量最多的一次发现。一百余件金器中，包括金柄铁剑、金首铁刀、金泡、金带钩、金环、金络饰等。金器皆由浇铸而成，工艺水平极为精湛。剑的柄部，饰有蟠螭纹、兽面纹，又用绿宝石、天然玻璃珠等镶嵌出眼、角等，还镂以孔洞，使纹饰更显立体感。玉器分璧、佩饰、觽等，雕琢精巧，呈浅浮雕特色，纹饰有虎形、带羽翼奇兽等形象，逼真而生动，充分显示了秦国早期文化的独特风貌。

楚成王 潘崇

熊掌难熟

残忍 奸佞

《左传·文公元年》
《史记·楚世家》

人物　典故　关键词　故事来源

○三六

前609年

公元前609年

中国大事记

鲁文公卒，子宣公继立。此后鲁公室衰弱，大夫势力崛起。

熊掌难熟

楚成王因更换太子而遭弑，在他被弑前想施缓兵之计而吃熊掌，但熊掌难熟，事不宜迟，此计未能成功。

狂放不羁的楚成王

楚成王熊恽聪明剽悍，狂放不羁。他自小崇拜祖父，想当年祖父不堪忍受中原诸侯国的歧视，提兵北上征讨随国，趾高气扬的随国公说："自古征伐自天子出，你怎敢兴兵侵扰？"祖父仰天长笑，大声说："我是蛮夷！世上如有天子，为什么不给我封号？"硬是用武力征服了随国，自封为武王。父亲文王秉承祖父遗志，矢志向中原扩张。可哥哥却是孬种，整日飞鹰走马，不务正业。甚至在奸人怂恿下，赶着要来杀他。他一怒之下逃往随国，许随侯一些好处，借兵奔袭郢都，一剑杀了哥哥熊艰，自立为王，即楚成王。

楚成王励精图治，在发展生产的同时积极向中原扩张。但命运对他不公。先是齐桓公九合诸侯，一霸天下，公元前656年逼迫楚国朝贡周天子。好不容易熬到齐桓公死了，楚成王狠狠地在宋襄公身上出了口气，郑、许、陈、蔡、曹、卫等国先后被他收服，偏偏这时又出了个晋文公。本来楚晋势均力敌，尚可一争，可恨令尹子玉没听他的话，轻率地在城濮与晋军决战，结果中了晋文公的计，致使楚军精锐尽失。好在中原诸侯忙着在黄河两岸逐鹿，谁也未想动楚国的念头，但是此时的楚国已不复再有争霸的本钱了。从此，楚成王便心灰意冷地在宫中享起清福。可是想不到，享清福却享出了大祸。

更换太子生祸患

那是公元前627年，楚成王想立个太子，以免百年之忧。就找令尹子上商量，问是否可立长子商臣。子上对商臣印象极坏，回答说："当年先王未立大王，而立王兄熊艰，结果引起内战，直到大王继位楚国始安定。臣以为楚国立嗣以立幼为吉祥。况且王子商臣

楚商臣入宫弑父

宋、楚泓之战，楚军大败宋军，威名大振。当时中原一些中小国家，都尊楚成王为共主。楚成王的长子商臣和大臣潘崇，一个为逆子，一个为叛臣。公元前626年，两人率亲兵卫士深夜围攻王宫，持剑要杀楚成王。楚成王说：我已命人在烧制熊掌，俟其熟而食之，虽死不恨。潘崇厉声说：熊掌难熟，你想拖延时间以待外救。说罢用束带将楚成王勒死。一代霸主惨死在逆子叛臣手中。此图出自清末石印本《东周列国志》。

大官臣楚弑人商

楚人的祭器：镂空铜俎（右页图）

俎为古代切肉用的案子。这件铜俎上有镂空的矩尺花纹，无法切肉，应为祭祀时放置肉类祭品的案子。青铜俎出土较少，该俎出自河南淅川春秋下寺楚墓，是楚人的祭器。

楚人的祭器：镂空铜俎

国宝级的青铜器：黄子壶

黄国是一个始建于夏代的小国，但却历经夏商周三代，顽强地生存了一千四百余年，直到公元前七世纪中期才被楚国灭亡。此壶是在春秋早期黄国国君为其夫人所作的礼器，制作精美，纹饰细美，在当时即是国宝级的器物。

缓兵之计未施成

公元前626年十月的一天，潘崇身穿暗甲，仗剑入宫，所率卫队迅速包围了成王的寝宫，守宫卫士悉数被杀。成王大喝："潘崇，你想干什么？"潘崇说："臣下以为大王的王位坐得太久了，早该传给太子啦！"楚成王四周一看，入眼全是叛兵，知道大势已去，急中生智地拖延时间说："寡人就此让位，不过寡人的生命你们能否保证？"潘崇说："旧的不去，新的不来，哪个君王能长生不死？"楚成王想再拖延点时间，就以商量的口吻说："寡人刚才吩咐厨下烧了熊掌，能否容寡人吃了熊掌再死？"潘崇回答说："熊掌难熟，我们没有这份耐心！"说罢，把一条白绫扔在楚成王面前，冷冷地讲：

齐国巫姜簋、陈曼簠铭文

长相凶恶，性格残忍，实不可立为太子。"成王感到子上之言颇多个人感情色彩，为稳定楚国政局，还是宣布立商臣为太子。想不到成王与令尹间的对话被商臣探得，于是设计害死了子上。成王知道后不禁对商臣的毒辣感到寒心，顿生悔意，决定废黜商臣，另立幼子职为太子。不料这个情况又被商臣的心腹捅给了商臣。

商臣得讯大急，就去同师傅潘崇商量。潘崇想了想，问商臣说："大王废黜你后，你能臣服于王子职吗？"商臣："不能！"又问："那你准备逃亡吗？"答："不准备！"潘崇点点头，再问道："那么你敢发动政变吗？"商臣斩钉截铁地说："敢！"于是潘崇急招早已暗中收买好的王宫卫队长，向他交代一切。

"大王自便吧，莫等我等动手时太难看了！"楚成王彻底绝望了，不禁叹了一口气说："子上啊！寡人悔不该不听你的话！"接着上吊死了。商臣就此继位，为楚穆王。

楚成王因更换太子，造成内乱，自己被弑，这个教训是深刻的。

秀丽俊俏的龙耳虎足铜方壶

龙耳虎足铜方壶 1979年于河南淅川下寺遗址的春秋一号大墓出土。口微侈，颈修长，腹扁鼓，有圈足，形体秀丽俊俏，与西周时期铜方壶相仿，而其附设配件和花纹，则具有鲜明的时代特点。壶之双耳加饰两条回首伏龙，圈足下为两只立体伏虎，圆浑雄壮，生动逼真。

历史文化百科

〔春秋时期的五种宴飨〕

最高级、最枯燥的宴飨，是天子或诸侯在太庙或宗庙里举行的"飨礼"，虽铺陈酒宴，烹调太牢，但只是摆摆样子，牛牲切成一大块一大块，献酒爵数也有严格规定，君臣人等正襟危坐，宴飨不过程式而已。

次高级、但最显荣宠的是"燕礼"，燕礼在寝宫中举行，烹狗设席，随意珍肴，主宾交流情谊，无拘无束，开怀畅饮，一醉方休。

第三种称为"大飨"，一般在天子款待诸侯，或诸侯间互相来往时举办。地点设在中堂，乐声伴奏，主宾间相互祝酒，次序及曲目也有一定的礼仪规定。

第四种是国君同臣子间的宴饮，称之为"宴礼"。凡有卿大夫完成王命回朝之际，有他国使臣来聘问之际，有外交使臣回国复命之际，及君王高兴的时候，皆可举行宴礼。宴礼进行时有音乐相伴，所谓"钟鸣鼎食"，描绘的就是这种情景。

第五种，是国中按时节对一些有特殊身份的老人举行的敬老宴礼。地方或氏族中的尊者、长者，为国死难烈士的父亲及祖父，退休归隐的官员，与曾为地方建设作出过重大贡献的老人，都可列入这一阶层。不同年龄的老人享受不同的礼遇，传统有"六十者三豆（豆系一种装食物的容器），七十者四豆，八十者五豆，九十者六豆"的说法。同时规定"五十养于乡，六十养于国（比乡高一级的城邑），七十养于学（诸侯国所设的公益机构）"。其供养也随年龄而有差异，所谓"五十异粮，六十宿肉，七十二膳，八十常珍，九十饮食不离寝，膳饮从于游可也"，并以酒肉、音乐及相关的官员，包括天子及其臣下相陪，以示敬贤敬老，毕恭毕敬。

○三七

秦穆公杀三良

秦穆公去世，以三良殉葬，引起国人的悲哀，以及君子的抨击。

秦穆公于公元前621年去世，秦国有170人从死，即为秦穆公殉葬，其中有贵族子车氏的三个儿子奄息、仲行和针虎，这三人因为品德高尚，才能出众，当时被称为"三良"。三良的从死事件引起了一场轩然大波。

国人赋《黄鸟》表示哀悼

三良为秦穆公殉葬，首先是秦国的贵族和平民都为他们感到悲哀，于是创作了诗歌《黄鸟》，随处吟咏，以悼念三良。《黄鸟》共三章，每一章写一人，其首章云："交交叫着的黄鸟，落在小枣树里。谁为穆公殉葬？是子车氏的奄息。可怜这个奄息，是上百人中的杰出者。当面临他的墓穴时，就惴惴地颤栗。"其第二章和第三章是写仲行和针虎的。每章的结尾都用这样的诗句："彼苍者天，歼我良人！如可赎兮，人百其身"，进行反复吟唱。人们怨恨苍天，杀害了具有以一当百才能的贤良。

若早知道要此三人殉葬，人们宁愿用300人赎回他们。

当时一些有地位有道德的人也抨击了这一事件。他们说："作为一个英明的国君，在临死前应该处置好以下各项事务：要选用圣哲之人为天下楷模，树立良好的道德风尚，并把那些良言遗训写在竹简或布帛上，让人们学习；要制定好法度、法规、法令和各种政策，让人们有法可依，有制度可循；要整顿社会秩序，发展生产，防止见利忘义和贪得无厌。要把一切都安排妥当，然后顺从天命地逝去。可是秦穆公不但没有做这些应该做的事，反而夺走了三良的性命。所以秦穆公不能成为霸主，秦国也不可能再向东扩张了。"

秦穆公难辞其咎

在秦国历史上，武公去世时"初以人从死"，有66人为秦武公殉葬，其中有他的一个儿子嬴白。秦穆公临终前是知道三良会被殉葬的，但并没有任何阻止之意。三良是在穆公死后被主持葬礼者所杀，其主要责任总归当由秦穆公负。因为残酷的奴隶殉葬制是由国家制定的，进入春秋时代后，不少国家废除了殉葬制，而作为一

精美的兽头纹陶范
山西侯马出土有大量精美的铸铜陶范。"范"是铸造金属器物的空腔器。侯马曾是古代晋国的都城，说明这里曾大批铸造过青铜器。陶范用经过筛选的黏土和砂配制，高温焙烧，接近陶质。侯马出土的包括礼器范、工具范、兵器范等均可铸出精美的花纹，为后世留下大批精美的陶艺品。

国之主的秦穆公不但不废除这一落后的制度，而且其殉葬规模反而比他的祖父武公大得多。这无论如何都应该说是秦穆公的一个绝大的错误和罪过。

过了二百三十余年，秦献公下令"止从死"，废除了万恶的以活人跟从别人去死的殉葬制度。

功劳卓著，晚节不保

穆公为秦国的发展壮大是有功的，他向东向南扩张受阻后，就向西扩张，成为西戎人的霸主。他曾出大力帮助过晋惠公、怀公、文公，使邻国恢复正常的秩序，也是有功的。晋国多次遭受饥荒，秦向晋输送大量的粮食，有的大臣说："晋国国君都是以怨报德的小人，不足以帮助。"可是穆公说："我支援晋国粮食，不是因为他们的国君，而是为了拯救在饥饿中的晋国民众。"如果说秦穆公帮助三位国君有利用他们为自己向东扩张的用意的话，那么他输送粮食，拯救晋人，是一件没有私心杂念的事，反映了他的气度。在孟明视、西乞术、白乙丙兵败崤山后，穆公能引咎自责，仍重用这几位将领，也得到了人们的称赞。可是他以三良殉葬，晚节不保。

崇尚简朴的秦公簋
甘肃天水地区古属秦，曾出土春秋时的青铜盛酒器——簋，器内记述秦国祖先在华夏建都已经12代，秦景公继承前辈的事业，要永保四方土地的决心。秦地崇尚简朴，器体上的纹饰也较为简单。

秦公簋铭文
秦公簋于甘肃天水西南乡出土。秦国在周人的故土上发迹，直接继承了周文化，铭文书体有着浓厚的宗周色彩。春秋早期秦人在周宣王时的籀文基础上创造了一种新字体，这种字体方正瘦劲，书写方便，既富有观赏性，又有实用价值。秦公簋铭文就是这一书体的典型作品。

> **历史文化百科**
>
> **〔先秦丧礼：殡与葬〕**
>
> 春秋战国时期流行着一种丧礼习俗，即人去世后，先安置于一个地方，也可用土掩埋，称之为"殡"。若干时间后，再迁到另一个地方深埋，称之为"葬"。这一习俗据说产生于原始社会，但明显含有实用的政治因素，"殡"和"葬"相隔时间的长短有严格的等级之差。《左传·隐公元年》有"天子七月而葬，同轨毕至；诸侯五月，同盟至；大夫三月，同位至；士逾月，外姻至"的规定。其中七月、五月、三月、逾月说的都是死到入葬的时间间隔。不过从已有考古发掘实证看，这一规定也有一点弹性，往往不到七月、五月就行安葬的屡见不鲜。

明示仁厚，暗藏杀心

齐懿公商人是齐桓公第四个儿子。桓公死后，先是长子无亏，即位仅三个月就病死了；接着二子孝公，再接着是三子昭公。公元前613年，昭公又死了，传位给儿子舍。舍因生

竹林遭袭

齐懿公为君无德无行，逢迎的笑脸背后隐藏着怨毒的心。终于某天得到报应，灾难落到了他的头上。

母不为昭公宠爱，长住冷宫，朝内朝外都无势力，一直遭人冷眼，因此性格懦弱，虽继君位，却无威信。商人在桓公去世那年争位不得，一直暗藏雄心，私下结交贤士，爱护百姓，装出一副宽厚仁慈的样子，实际上暗蓄死士，心藏杀机，又经常以小恩小惠骗取百姓的欢心。现在看到新接位的齐君舍软弱无能、孤立无援，他感到时机来了。当年十月，商人趁昭公下葬时机，派杀手在墓地上一刀刺杀了舍，取而代之，自立为君，即齐懿公。

一朝得志，原形毕露

齐懿公本性贪横，未即位时假仁假义，现在大权在握，马上露出本性。当年他还是公子时，有一次与大夫邴歇（bǐng chù）之父争夺邑界之地，官司打到齐桓公那里，齐桓公让管仲评断，管仲判商人理曲，将地判给了邴氏，商人便记仇于心。如今刚一即位，就下令将已死的邴歇之父从棺材中挖出来，重施刖足之刑；又使邴歇给自己赶车。

齐懿公一面是贪横，另一面是淫乱。他泄完了恨，就下令全国广选美色纳入后宫，左拥右抱，笙歌美酒，日夜淫乐。旧的玩腻了便求新的，渐渐无新可求了，就摔酒器发脾气。几个小人被逼急了，便向懿公进言，说大夫阎职的妻子有沉鱼落雁之貌，齐懿公于是下令元旦大庆，所有大夫的妻子都须入宫朝贺。阎职的妻子自然不能例外。齐懿公躲在屏后看得真切，确实貌若天仙。当天晚上就强迫阎妻留宿宫中，派人对阎职说："夫人喜欢上了你的妻子，留她在宫中作伴，你另外去娶个妻子吧！"并令阎职当骖乘，即齐懿公车上的陪乘。阎职气得差点晕过去，可又无可奈何。

齐懿公申池遇害

齐公子商人趁昭公出殡时，杀死太子舍自立，是为懿公。齐懿公还是公子时，曾与大夫邴歇的父亲争夺田地，没有争到手，便记恨在心。即位以后，掘墓挖出邴歇父亲的尸体砍断双腿，以泄私愤，还故意让邴歇为他赶车。齐懿公还把大夫阎职的妻子占为己有，每次带着这个女人出游，故意让阎职坐在车上陪乘。如此君王，实在令人不齿，也在大臣们心目中埋下了仇恨的种子。公元前609年夏天，齐懿公到齐地申池去沐浴，邴、阎二人将齐懿公活活勒死，将尸体丢在一片竹林中，回到家中痛饮一番后，才逃离齐国。此图出自清末石印本《东周列国志》。

世界大事记

巴比伦城饰有彩色琉璃砖浮雕的伊什塔尔城门约建于本年。

《左传·文公十八年》《史记·齐太公十八世家》

荒淫 昏庸

齐懿公

人物　关键词　故事来源

作恶多端终有报

齐都临淄南门外有个申池，风景绝佳，清波激滟，池石温润，兰桂幽幽，竹风阵阵，是夏天消暑避热的好去处。这年五月，天气特别热，齐懿公令邴歜御车，阎职当骖乘，到申池游玩。他酒酣耳热，昏昏欲睡，又令随从取来绣榻，放在竹林凉快处午睡。邴歜与阎职一起在申池中泡凉。早存复仇之心的邴歜故意惹怒阎职，阎破口大骂："刖足囚之子！"邴歜反唇相讥："无妻人！"你来我往，怒火上升。邴乘机说："先父被掘棺刖足，我枉为人子；你妻子被人霸占，枉为男子。今天仇人就在林中睡觉，你敢不敢同我一起去把他杀了！"阎职说："你是好汉，我也决非孬种！"邴歜说："那好，说干就干！"

邴、阎二人悄悄摸到懿公休息处，只见齐懿公正鼾声如雷，一个小内侍守在旁边。两人以懿公醒后就要汤水为名，支开小内侍，然后一起扑上去，一个按住懿公，一个抽出懿公的佩剑，一剑砍下脑袋。二人见小内侍还未回来，就将尸体藏到竹林深处，再驾着车奔回临淄，在街上大叫："商人弑君而立，我们奉先君之命诛杀商人。"乘内乱之际，满载族人家资逃到楚国去了。

齐人从卫国接回公子元，公子元是齐桓公的第五个儿子，同年秋，立为国君，即齐惠公。齐懿公作恶多端，被人斩杀，尸遗竹林，真是罪有应得。

春秋瓦胎漆衣彩画壶
瓦胎漆衣彩画壶这件春秋时期的工艺品向世人展示了当时制陶业的发达，也反映出当时漆绘艺术的精湛。

历史文化百科

〔先秦游戏：投壶〕

投壶是春秋战国时期流行的一种游戏。其出现可能更早，初期只在贵族宴飨时举行，后逐渐扩散到军中、民间。游戏用具是箭(矢)和壶，箭用未去树皮的柘木或棘木制成，长度分2尺、2尺8寸、3尺6寸三种，分别在室内、堂上和庭中使用。壶为长颈大肚壶，口径2.5寸，颈长7寸，深5寸。投掷线到壶的距离为两箭半，因此室、堂、庭三种游戏场地的距离分别为5尺、7尺和9尺。游戏开始时，参加者每人取4支箭，轮流向壶中投箭，以箭头进入壶口为中，违规连投者无效。以投中多者为胜，负者罚酒。胜者立一马(马形筹码)，称一局，一共举行三局，三战二胜制。胜方得饮庆贺酒，游戏结束。

一飞冲天，一鸣惊人

在猜疑和互不信任氛围中登上王位的楚庄王，假装昏聩守望了三年，终于辨清了忠奸，集聚了人心，使楚国重新腾飞。

一个不祥的年份

公元前 613 年是个不祥的年份。先是前一年天下大旱，从正月到入秋，没下过一滴雨。赤地千里，饥民遍野，周朝宗室的太庙又无故坍塌，人心惶惶。楚穆王、邾文公也相继去世。到了这年春天，周顷王驾崩，周公阅与王孙苏政争，鲁国与邾国因丧仪不和彼此攻伐，齐国商人弑君自立，天下大乱。七月间，史书记载："有星孛入于北斗。"这是我国第一次记载哈雷彗星，被认为是不祥的征兆。就在这种不祥气氛笼罩下，楚太子熊侣继位为王，他就是历史上有名的楚庄王。

楚庄王以静制动

楚庄王熊侣是个不甘寂寞的人，生性机警、狡黠而又好战，但他面对的却是父亲留给他的一个很不光彩的局面。他的父亲就是逼死楚成王的楚穆王商臣。由于这段残忍的记录，楚穆王在位十二年，一直难以获得朝中贤臣良将们的归心。现在摊子交到了庄王手里，他根本无法从眼前的

蟠蛇纹盉

与西周青铜器大气磅礴的风格有所不同，春秋时期的青铜器则趋向于精致与细腻，其纹饰相当繁复。此蟠蛇纹盉盖的上部为九龙衔环喇叭形捉手，盖面有四个对称环状钮。盉束颈深腹，两侧各附一只镂空兽首形耳。盖面和器腹饰蟠蛇纹、蕉叶纹和绳索纹等。

朝臣中分别良莠：先王重用的不一定是贤人，而疏远先王的可能正是他心中渴求的良臣。怎么办呢？楚庄王想了个聪明的办法：假装昏聩。他连续三年不听朝政，只是日夜为乐，甚至悬令于朝门："有敢谏者，死无赦！"

一只身披五色羽毛的大鸟

庄王长期不问政务，楚政废弛。庄王三年，楚国大饥，灾民四处逃亡；山戎乘机攻掠西南，焚掠阜山、阳丘、訾枝；庸国人率群蛮叛楚；麇国人率百濮聚兵于选，即今湖北枝江境内，准备攻楚；原归附楚国的中原各小侯国也纷纷叛离。弄得国都白天不敢开城门。在这种情况下，忠臣良将们终于坐不住了。于是，有一天，一位名叫伍举的右司马怒气冲冲地闯进宫来。当时楚庄王正左手搂着秦姬，右手抱着越国美人，坐在钟鼓之间寻欢作乐。见了怒容满面的伍举，庄王哈哈一笑，对伍举说："右司马进宫，是想同寡人一起饮酒呢，还是想同寡人一起欣赏音乐？"伍举参拜之后正色说："大王，微臣进宫，并不为饮酒听乐，只是在出巡边疆时听到一则隐语，特来向大王请教。"楚庄王说："隐语？唔，有趣，说来听听！"伍举说："有一只大鸟，身披五色羽毛，降落

前567年 公元前567年

世界大事记 新巴比伦王尼布甲尼撒二世侵入埃及，大掠而回。

《左传·文公十四年》《史记·楚世家》《吴越春秋》卷三

尊贤 革新 纳谏

一飞冲天，一鸣惊人

楚庄王 伍举

人物　典故　关键词　故事来源

楚庄王一鸣惊人

楚庄王刚刚即位时，三年不听政，沉湎于酒色，日夜作乐，并下令说："有敢谏者，死无赦！"大臣伍举入谏，楚庄王左抱秦姬，右抱越女，坐在钟鼓间。伍举问："有鸟在于阜，三年不飞不鸣，是何鸟也？"庄王回答："三年不飞，飞将冲天，三年不鸣，鸣将惊人。举退矣！吾知之矣！"过数月，庄王淫乐如故，大夫苏从冒死再进谏。庄王这才听从了大臣们的进谏，摆脱酒色，改革政治，诛杀了数百人，任用伍举、苏从等数百人。庄王是一个有雄心壮志的君王，由于上台时形势不明，只能假装沉湎酒色，以观察内外，一旦时机成熟就"一鸣惊人"，快刀斩乱麻地进行改革。左图出自清末石印本《东周列国志》。右图出自明刊本《片璧列国志》。

在楚国高山上，已有三年，可三年来，没人看见它飞，也没人听见它叫。请问大王，这是什么鸟？"庄王一听，已知伍举所指，微微点头，心想这个伍举倒是个不怕谏死、有心辅国的贤臣，就笑着回答说："寡人知道啦！这可不是一只平凡的鸟，它三年不飞，一飞必定冲天；三年不鸣，一鸣必定惊人！你下去罢。"伍举再拜而退。

三年淫乐，一朝振奋

一晃数月过去，楚庄王越发淫乱了，边疆急报纷至沓来。大夫苏从再也按捺不住，这天冒死冲进宫中，伏在殿下放声大哭，要楚庄王停止淫乐，挽楚国于既倒。楚庄王对伏在殿下的苏从厉声说："难道你没见到寡人贴在门口的禁令吗？"苏从说："这条禁令微臣已看了三年，今日进谏，自知已犯必死之罪。但臣下不忍楚国就此灭亡，所以大哭于王庭，求列祖列宗在天之灵明鉴！臣下虽死，死得其所！大王执政三年，荒于酒色，不理朝政，不亲贤良，使大国虎视于外，小国离乱于内，民怨沸腾，蛮夷造反。大王误国之名，也必将同臣之死一起流传于世。臣言已毕，请借大王

佩剑，让臣自刎于王庭之前，以证大王禁令之森严！"

楚庄王闻言起立，悚然向苏从致礼。他等了三年，前数月伍举入宫，他已心动，但伍举为武将，庄王担心独木难支。今日苏从闯宫，由此文武兼具，终于等到了今天！三年不飞，一飞冲天；三年不鸣，一鸣惊人，现在时机成熟了。想到这里，楚庄王仰天长笑，然后向站在他面前请求自裁的苏从三揖为礼，回头吩咐侍从撤去女乐，上朝听政。依三年来群臣表现，诛杀数百人，拔用数百人；任命伍举、苏从掌管全国军政事务。由此朝野振奋、人心思齐，楚国开始走上大治之路。楚庄王即位初年的奇特举动，预示着楚国强盛时期的到来。

历史文化百科

〔美女如云细腰宫〕

楚国的细腰宫，地处巫郡，遗址在今天重庆市巫山县西北。据说楚襄王、楚灵王都特别喜爱细腰女子，后宫嫔妃竞相瘦身减肥，一时成为楚国风尚，细腰宫由此得名。韩非曾有"楚灵王好细腰，而国中多饿人"的描述，后人也因此而有"楚王好细腰，宫中皆饿死"的笑讽，及"西北风来吹细腰，东南月上浮纤手"的诗句。

○四○

刺客撞树

晋正卿赵盾公正无私、忠心耿耿，为昏君佞臣所不容。刺客钮麑宁可自杀，不害忠良。

因拥立意见而得罪

晋国正卿赵盾，是位忠心耿耿、正直无私的大臣。公元前615年，秦军攻打晋国，当时兼任中军主帅的赵盾，推荐韩厥为行军司马，与秦军对阵于河曲，即今山西芮城县风陵渡。双方布阵甫毕，赵盾的车夫突然驾车冲入阵中，横冲直撞。韩厥按律令砍下车夫脑袋。事后赵盾非但未责罪，反而对韩厥大加赞赏。

但是，对于这样一位正直的大臣，晋灵公却恨之入骨，一心想除之而后快。这有两个原因：一个原

因是，晋襄公去世时，将后事托给赵盾。赵盾认为面对楚国的压力和秦、齐的窥视，年幼而又轻浮的太子夷皋无法胜任晋国的重任，主张迎立襄公胞弟公子雍回国继位。后来由于夷皋母亲的干预，赵盾不愿落下先君尸骨未寒就欺其亡人的罪名，夷皋才得以继位，成为晋灵公，从此就对赵盾记恨在心。

生性暴虐，决定动手

另一个原因是晋灵公生性暴虐，他曾在花园的高台上俯瞰宫墙外街市上的行人，以弹弓射人取乐，常常打得路人头破血流，四处乱窜。有一次，宰夫（厨师）煮熊掌没有熟透，晋灵公觉得味道不够好，就把宰夫杀了，放在畚箕中，使妇人从朝廷中抬出。赵盾见到这种情况，几次向晋灵公进谏。晋灵公为此更加恼羞成怒，决定提前行动，除去赵盾。公元前607年经过密商，遂叫出早就养在宫中的杀手钮麑去行刺赵盾。

赵宣子桃园强谏

晋灵公生性残暴，好为游乐，在绛霄楼上用弹弓射人取乐，嫌厨师煮熊掌不烂，拔剑将厨师砍成几段，令人将尸体扔往野外。正卿赵盾在桃园门口拦住灵公进谏，说：放弹打人，纵犬咬人，支解厨师，这是有道之君所不为的。由于赵盾屡谏不听，反而成仇，灵公让屠岸贾买通刺客行刺。钮麑前往见赵盾朝衣朝冠，坐以待旦上朝。刺客为其公忠体国而感动，不忍刺杀，遂触庭槐而死。左图出自清末石印本《东周列国志》。

国宝级的青铜器：黄子壶（局部）

前565年
公元前565—前485年
前485年

世界大事记 佛教创始人释迦牟尼在世。

《左传·宣公二年》
《国语·晋语》

正义 尊贤

赵盾 晋灵公
刺客 （钼麑）

人物 关键词 故事来源

良心发现，自杀明志

钼麑凌晨潜往赵府。到门口一看，只见大门洞开，无人看守，就跨入门去一直来到后院。闪在一棵大树后向卧室张望，见卧室的门也开着，赵盾已穿好朝服等待上朝，因时间还早，此刻正坐在椅上闭目养神。钼麑虽然是个刺客，干点刀头上舔血的勾当养家糊口，但未泯正义的本性，加之毕竟是一介平民，对清官和贪官污吏的孰优孰劣，有切身的体会。想起平日听到百姓对赵盾的颂扬，对照晋灵公的所作所为，心中不禁暗想："我若杀死这样的好官，无疑是对百姓的犯罪；但若不执行君主的命令，又有抗上违旨之

春秋时期的虎形玉佩
古人喜欢在身上佩玉，这不仅是为了装饰，还有着不少象征意义，如以玉质地的纯正，表明主人纯洁正直的品德，或者佩玉以辟邪。这对虎形玉璜构图抽象典雅，具有高度艺术美感与宗教庄严的气息，既显示了主人的高贵身份，又有护身辟邪的作用。

罪。唯一的办法，只有自杀这条路可走了。"他继而又想："我若在此自杀，天亮后赵盾看到了，也好使他有警惕之心。"想罢，仰天长叹一声，跃身向身侧的一棵大槐树上撞去。

钼麑良心发现，遇贤人不杀，又以自裁示警的义举，使当时的局势出现了转机。

123

○四一

桑下饿人

穷书生受赵盾一饭之恩，危急时刻以一命相报，为的是晋正卿心怀穷苦百姓。

俗话说："阴功积德。"一个人多做好事，很可能在危急时刻，得到受恩人的回报。晋卿赵盾就是因为乐善好施，在晋君将把他杀害时，得到桑下饿人的救助而脱险。

一条凶猛的恶狗

晋灵公派钽麑暗杀赵盾，结果钽麑仗义撞树而死，晋灵公不甘心，又想了个办法：让心腹找来一条獒（áo），就是一种特别凶猛善斗的狗，身高四尺，牙爪森森，据说一般狼豹都非其对手；又在后宫扎了个草人，穿上赵盾正卿的服色，训练猛獒扑击他的要害。公元前 607 年九月，眼看猛獒已训练成熟，晋灵公便假意请赵盾进宫饮酒，于四周布下甲兵，只待灵公一声令下，猛獒和伏甲就一齐出动，届时看你赵盾怎么插翅而逃？这一天，赵盾冠冕齐整后入宫叩见晋灵公，于是君臣对坐饮起酒来，他哪里知道自己生命已危如累卵。

> ### 历史文化百科

〔先秦肉类食品及烹饪方法〕

春秋时期的肉类食品大体分三类。一类是家畜家禽，主要有牛、羊、猪、狗、鸡、鹅等；一类是野味，大型的有熊、麋鹿等野兽，小型的有雁、雉、兔、蛇、鹌鹑等；最后一类是鱼、鳖等水产，当然也包括贝壳类和青蛙等。

烹饪方法主要分四种：1.烧烤，当时称为"炙"或"燔"，及带毛涂泥而烤的"炮"。2.煮，当时称为"煮"或"烹"。3.煎，当时也叫"熬"。4.肉汤，肉汤又分两种，加上菜（芼）、醋（醯）、肉酱（醢）、盐、梅等五味调制的叫"羹"，不加调制的叫"臛"，或"脽"。这种臛，不同肉类也有不同称谓，牛臛称"膷（xiāng）"，羊臛称"臐（xūn）"，猪臛称"脁（xiāo）"。

一饭之德

也许是善有善报，赵盾命不该绝，站在晋灵公身侧侍候酒宴的宫内事务总管示眯明曾受过赵盾的救命之恩，赵盾对此事早已忘掉。那是数年以前，贫困外出游学谋生的示眯明三年学成回乡，因无钱购买食物，连续饿了几天，终于倒在一棵桑树下。出巡的赵盾经过这里，见树下躺着一个年轻人，问后得知是一名落魄学子，心中不忍，就让随从取出食物给他吃。示眯明真是饿坏了，食物到手几大口就吃掉一半。突然间，示眯明像想起了什么，连忙

饿餔觞壶

世界大事记

埃及征服塞浦路斯岛。

人物：赵盾 晋灵公 刺客

典故：桑下饿人

关键词：正义 尊贤 善行

故事来源：《史记·晋世家》《史记·赵世家》《左传·宣公二年》

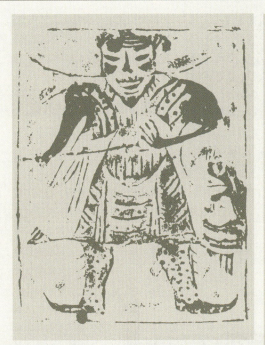

桑下饿人拼死救赵盾（上图及左页图）

公元前607年九月，晋灵公设宴请赵盾喝酒，实际上却埋伏下甲兵，要杀害赵盾。宫内总管示眯明保护赵盾走出宫殿，灵公放狗来咬他们，示眯明一剑把狗刺死，并奋不顾身用手上的戟挡住众甲兵，救了赵盾一命。原来，先前赵盾在首山桑阴下看到一个饥饿的人，就给他食物。这位相助救赵盾的示眯明，就是当初桑阴下那个饿人。桑下饿人不忘报德。左图出自明刊本《养正集语》。

春秋时人的食具：木匕

下图为春秋时的生活用品，用木精心斫制而成。匕面呈舌形，与今天使用的汤匕不同。表面髹朱红漆。柄是一根弯曲的圆短木，用红黑相间装饰。这是一件美观实用的食具。

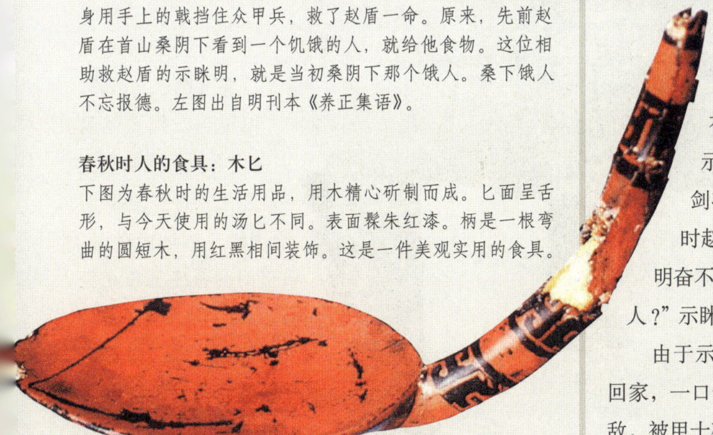

将剩下的一半食物小心翼翼地包好，藏入怀中。赵盾问他为什么不吃了？示眯明说，家中还有个老母亲，不知在家有没有饭吃，他想把这一半食物带回家去给母亲吃。赵盾听了不禁心酸，感到他是个孝子，就逼他把剩下的一半食物都吃了，然后让随从将自己带出来的食品酒肉全送给了他。示眯明回家后将这些东西拿到集市上换了粗粮，母子以此度过了那年的春荒。赵盾和随从却为此饿了一天，但过后也就忘了，示眯明却没齿不忘。今日见恩人近在眼前，转瞬间就将死于非命，他便暗下决心，豁出命去也要救赵盾脱逃。

以死相报

晋灵公一边劝酒，一边眼睛向四处睃瞄，事情已千钧一发，示眯明连忙跨上数步，借劝酒名义走到赵盾席边，对赵盾使个眼色说："君主赐臣酒宴，三巡之后，礼数已尽，上卿为何还不快快谢恩退席？"赵盾一看示眯明眼色，情知有变，立即起身向晋灵公行礼告辞，回身快速向宫门外走去。晋灵公来不及招呼甲士，急忙一声唿哨，放出藏在帷幕后的猛獒直向赵盾扑去。赵盾毕竟是中军主帅，武艺在身，一个闪避、格挡，猛獒只撕下赵盾的一只衣袖，赵盾挣脱后快步向台阶下跑去。猛獒一扑不中，凶性大发，转身又向赵盾扑来，同时埋伏在殿侧的甲士也蜂拥而出，情势危险万分。示眯明见状，迅速拔出佩剑，飞身上前，一剑将猛獒刺倒，护卫着赵盾向阶下冲去。这时赵盾早已衣衫破烂，浑身伤痕累累，见示眯明奋不顾身地护在自己身前，边跑边问："壮士何人？"示眯明答了句："桑下饿人。"就催着赵盾快走。

由于示眯明的相救，赵盾终于逃出宫来，不敢回家，一口气奔出都城，落荒逃去。示眯明却力竭不敌，被甲士砍成了肉泥。

楚庄王曾陈兵周境，向周王室询问象征神圣王权的九鼎，这在当时是一件震动全国的大事。

楚国强盛，挺进中原

一飞冲天、一鸣惊人的楚庄王执掌朝政后，杀奸逐佞，起贤任良。清理完国内之后，又带兵灭掉了聚众谋叛的庸国，镇慑住周边小国和荆蛮各部落。然后，一步步实现向中原扩张的战略：庄王五年，出兵围郑，逼迫郑国归附了楚国；六年攻宋，因奖惩有方，将士用命，宋军主力被摧毁殆尽，仅掳获宋国兵车就达五百乘，相当于一个中等诸侯国的装备了。

楚庄王还是不满足，这一方面固然出于边鄙地区对礼仪中心的向往，更重要的是对中原诸侯国狂妄自大的愤懑。楚国始祖名叫鬻熊，博学多才，周文王慕名拜他为师，因助文王创业有功，其子孙被封于楚地，赐子爵。由于地处偏远，又非姬姓近亲，此后中原各国都以蛮夷看待他们，将他们视作化外野人。天长日久，倔

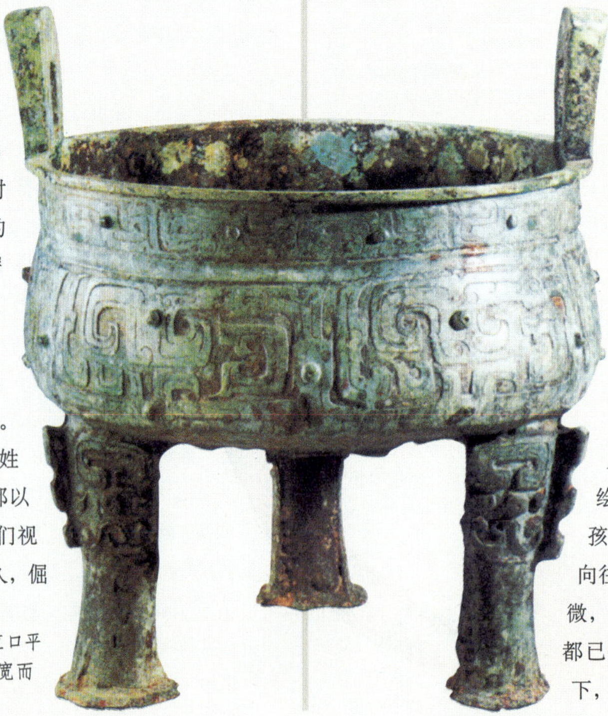

春秋早期蟠蛇纹鼎
春秋早期的蟠蛇纹鼎，直口平缘，厚大的斜立耳，腹宽而丰满，矮兽蹄足。

问鼎中原

大禹王集九州之金铸成神秘的"九龙神鼎"，历夏商西周一千五百余年一脉传承，成了中国统一王权的神圣象征。楚庄王魂牵梦萦，提兵周境，叩问九鼎轻重，意欲何为？

强的楚国把这种轻视化成了仇恨。从楚武王自称蛮夷攻伐随国开始，楚国每次向中原进攻都带有一种报复的心理，楚庄王也不例外。

九龙神鼎：为传国礼器

不过，楚庄王除了报复泄愤外，他对中原文物特别仰慕，最使他魂牵梦萦的，便是那天子所据的神秘九鼎。据说大禹治水平定九州后，将天下所贡之金铸成九座宝鼎，每鼎重逾千钧，鼎腹上铸有荆、梁、雍、豫、徐、扬、青、兖、冀九州名号，并各载本州山川、人物及贡赋田土等数字，足耳皆饰以龙纹。因九鼎象征九州，为天子宗庙的重器，从此九鼎成为中国王权的标志和传国礼器，史称"九龙神鼎"。九龙神鼎先由夏王朝继承，商汤灭夏后将九鼎迁往商邑，周武王灭商后又将九鼎迁往洛邑。据说当时征发运鼎的民夫、兵士达十万人之众。每当老臣们绘声绘色描述宝鼎时，孩提时的楚庄王总充满向往之情。现在周王室衰微，陈、蔡、郑、宋等国都已屈服在楚国的王威之下，天子所在的洛邑近在

《左传·宣公三年》
《史记·楚世家》

壮志 机智

问鼎中原

楚庄王

人物　典故　关键词　故事来源

咫尺，看来拥得九鼎也是指日可待的事了。每当想起这些，雄心便像野火一样在他胸中燃烧。

向周探问，挑战王权

公元前 606 年，新天子周定王为旧天子周匡王落葬，楚庄王趁机发兵攻打陆浑戎，在今河南嵩县及伊川县境，所向披靡。陆浑戎望风而逃，楚国大军直逼天子境内的洛河之滨。周定王听说楚师逼近，大为恐慌，派大夫王孙满去探个究竟。双方施礼后，王孙满先对楚军来到周地，表示慰劳之意，然后询

楚庄王问鼎中原

公元前 606 年春，楚庄王率军讨伐陆浑之戎，到达雒水，在周朝境内陈兵示威。周定王派大夫王孙满前往慰劳楚庄王。楚庄王问起九鼎的大小轻重，王孙满一番言语，让楚庄王知道周天子在诸侯中还有相当影响，使其不敢轻率攻周。鼎是古代国家权力的象征，楚庄王问鼎，有取代周室之意，"问鼎中原"成语就源于此。后来，秦始皇"泗水取鼎"，取的就是周室之鼎。《水经注·泗水》载："周显王二十四年，九鼎沦没泗渊。秦始皇时，而鼎显于斯水。始皇自以德合三代，大喜，使数千人没水求之，弗得。"汉画像石、画像砖有《泗水取鼎》故事图。下图出自明刊本《片璧列国志》。

> **历史文化百科**
>
> 〔古代天子的祭天仪式〕
>
> 古人以为天圆，故取圜丘为天的象征。祭天之权为天子所独有，旁人不能僭越。祭天的正日是每年的冬至日，地点在国都南郊的圜丘举行。祭天前，天子与群臣要先行"斋戒"：沐浴、更衣、独居、食素，时间有"七日戒，三日斋"的规定。出戒次日清晨，天子与群臣出南郊，面西立于圜丘东南侧，然后鼓乐齐鸣，天子亲自"以禋祀祀昊天上帝"。具体是在圜丘中央堆放柴草，把用于奉献的牺牲、玉璧、玉圭、缯帛等祭品放在柴垛上，点燃后随烟火而升腾，送达天帝处。祭祀结束后，天子把祭祀用的牲肉分给宗亲、臣下，称为"赐胙"，意为同获天佑，以示恩宠。除祭天外，还有对日月星辰的"实柴祀"，对风雨雷电的"槱燎祀"，与祭天的"禋祀"一起进行。

少数民族山戎的饮酒器

在春秋诸侯纷乱的同时，我国北方也活跃着几支少数民族，山戎就是其中一支，他们主要分布在今河北北部，亦称北戎。图为出土的山戎饮酒酒具，从中似乎能看出些许北方汉子"大碗喝酒"的豪爽性格。

其来由。楚庄王直奔主题，开口便问："神龙九鼎，寡人神往已久。今日冒昧进入周境，敢向大夫请问鼎之大小轻重？"王孙满肃然答道："楚君差矣！神鼎之义，不在轻重大小，而在天命与道德。我周成王承天应命，定鼎洛邑，卜世三十，卜年七百，可见福祚绵长。现在虽然王室衰微，但离天命所定之年世尚远，谁又能问神鼎之大小轻重呢？"

楚庄王问神鼎轻重大小，或许纯粹出于好奇与向往；但王孙满理解为是明目张胆觊觎周室的王权，这是必须义正辞严加以驳斥的。他知道楚人狂妄，力胜为王。所以利用楚人特别信奉鬼神的心理，以卜祝之语加以警吓。果然，楚军中顿时交头接耳，是啊，神巫预言周祚七百年，即从周武王登基算起，迄今也不过440年，还有二百多年福祚可享，我们怎可造次呢？楚庄王无话可说了，于是班师回楚。

楚庄王问鼎中原的故事流传千年，被后世演绎为挑战王权、攘夺中央最高权力的意思。

楚庄王之子所用编钟（下图及右页图）

王孙诰编钟 1978年出土于河南淅川县仓房公社下寺第二号楚墓内。根据墓葬内包括编钟在内的青铜器铭文及其他遗物，可以判断下寺二号墓是春秋时楚国令尹子庚墓。令尹子庚又名王子午，是楚庄王之子，此套编钟当为墓主生前用物。

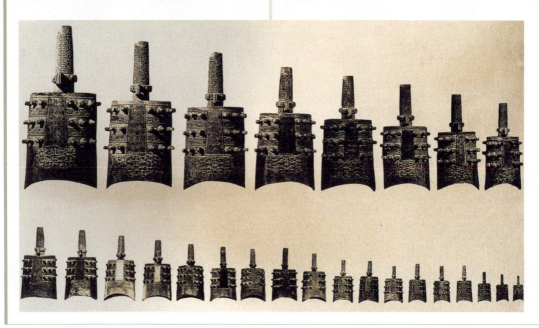

前558年
公元前558—前529年
前529年

世界大事记 波斯国王居鲁士二世在位，统一伊朗高原。

○四三

狼子野心

楚司马子良生了个儿子，"长相如熊虎，声音似豺狼"，人言将有灭族之祸。

俗话说："人不可貌相。"意即不能以一个人的相貌来判断他的品德和才能。然而，人的相貌有时确能反映他的性格和品行。楚庄王时就发生过这样一个"狼子野心"的故事。

伯父看相，痛哭流涕

楚国司马子良生了个儿子，取名子越椒。伯父令尹子文上门探望，抱过婴儿看了一会，摇头皱眉地对弟弟说："这孩子要不得，弄死算了！你看他长相如熊虎，声音似豺狼，正是俗话说的'狼子野心'，你不杀了他，长大后必给家族带来灭族之祸！"子良不

形制独特的赵卿墓车马坑

车马坑位于赵卿墓的东北方向不远处。平面呈曲尺形，由车坑和马坑两部分垂直交会组成。其中总共发现了44匹马的遗骸和15辆单车。此墓坑的形制有别于东周时常见的长方形或长条形，而车、马分坑又与当时四马一车或二马一车成组配套排列迥然不同，反映了三晋地独特的文化习俗。

愿，没听子文的话。子文始终耿耿于怀，临终前，将全族人召集在一起，对大家说："哪天越椒参政，你们赶快离开楚国避祸，切记，切记！"说罢，痛哭流涕而死。

果然杀人叛乱似虎狼

子越椒渐渐长大，体格魁梧，膂力过人，又刚愎多疑，权欲极强。他承父职当了司马后，即勾结工正芳贾，在楚王面前中伤令尹子扬。害死子扬后，子越椒升为令尹，芳贾升为司马。但他并不以此为满足，继续不断扩张自己的势力。这样，楚庄王和大臣，甚至包括芳贾都对他产生了防范之心。

公元前606年，楚庄王率大军北上讨伐陆浑戎，让芳贾留守监国。子越椒对此大为不满，偏偏芳贾对他又避而不见，子越椒与芳贾的矛盾便急剧激化。咽不下这口恶气的子越椒决定铤而走险。他把族人召集起来，宣布了自己的决定，然后率领全体族兵突然袭击芳贾。芳贾猝不及防，逃到辕阳，在今湖北江陵县境，被子越椒追上杀死。按照当时楚国法律，擅杀大臣罪在不赦。子越椒干脆一不做、二不休，把人马带到烝野，准备等楚庄王回兵时中途伏击，举兵反叛。

两箭射向楚庄王

楚庄王问鼎中原回来，得知国内有变，命军队兼程前进，在漳澨，即今湖北省江陵县河溶镇与叛军相遇。庄王军队人疲马乏，只得派大夫苏从同子越椒谈判，赦其擅杀司马之罪，并愿以三位王子作人质，同子越椒讲和。但是子越椒不答应。无奈，庄王便于公元前605年七月九日，在皋浒，即今湖北枝江市，与子越椒决一死战。子越椒在阵前见庄王亲自击鼓督战，便拉开强弓，一箭射去，只见箭矢如惊雷闪电，穿透车

辕，再穿鼓架，然后"当"地一声撞在庄王脚边"鸣金收兵"时敲击用的"丁宁"上。左右见了急忙用盾牌遮住庄王。子越椒见一箭不中，又射一箭，这箭又穿透车辕，从庄王头上掠过，射穿车盖而去。庄王军队仓皇后撤，进行调整。众人将那两枝箭取来一看，只见比普通箭长一半，用鹳羽做翎，豹齿做镞，锋利无比。

技穷兵败而被杀

出师不利，庄王发现军心有些动摇，便派使者在军队中宣传说："当年先祖攻占息国时，得到三枝神箭，取回供在宗庙里，后被子越椒偷走了两枝，就是今天他射的那两枝。现在箭已射完，不必再怕他了。他连射两箭都没能伤到大王，说明天意护佑大王，他必败无疑。"如此一说，军心才稳定了下来。稍作休整，两军再战。子越椒以为刚才两箭已射破了庄王的胆，因而放松警惕。而庄王方面以为子越椒没有了神箭已黔驴技穷，反而增加了勇气。庄王军中原有一名神箭手，名养由基，能百步穿杨，百发百中。这回主动请缨，养由基一箭就射穿了子越椒的

记载征战与厮杀的铜矛

这件出土于河南南阳的铜矛，刃似长条叶片，较薄，骹细长，骹之上方有人面形饰。东周时期，群雄逐鹿，这寒光凛冽的用于冲刺的兵器，记载着征战与厮杀。

咽喉。庄王全军出击，叛军折了主帅，顿时作鸟兽散。

灭全族而留一口

楚庄王回到郢都，下令将子越椒所属的若敖氏全族男女老少全部处死。当时，若敖氏一族中的箴尹、前令尹子文的孙子克黄正奉命出使齐国，归途中听说家遭灭族之祸，随从劝他赶快逃走，克黄说："我奉楚王之命出使齐国，理应将出使情况向楚王汇报，背君弃命之事，我不屑为。再说，君命如天，我又怎么逃得出去呢？"于是加紧赶路，回郢都复命，他独自一人到掌管刑法的司败（即司寇）处自首。庄王知道了，感其忠勇，下令免其一死，官复原职，以延续子文一脉香火。

具有"狼子野心"的子越椒，横行不法，不仅毁了自己，还灭了全族。这件事，千百年来，人们经常议论着。

> **▷历史文化百科◁**
>
> **〔古代天子的祭地仪式〕**
>
> 在古人"天圆地方"的观念中，大地是方的，故古人祭地的场所称作"方丘"。因大地为万物之源，人类生活的依赖，所以古人的祭地典礼同祭天一样隆重。有"天父地母"之说，故祭地之权也唯天子独有。正日是每年的夏至之日，地点在国都北郊水泽当中的方丘上举行（寓意地方，四周是海）。祭天是架柴焚烧，以烟腾而达天庭；祭地则在地上挖坎，将奉献用的牺牲及其他祭品埋入地下，让地祇能够品尝。另外，还有一种用牺牲之血滴地的"血祭"，祭祀社稷、五祀和五岳。"社"是土地神，也称"后土"，最初的原型是上古共工氏的儿子句龙。"稷"是谷神，也称"后稷"，原型是周的始祖弃。社稷并称后来成为国家的代名。"五祀"是后土加上四季神，它们是春神句芒、夏神祝融、中央后土、秋神蓐收、冬神玄冥。五岳同于今日。此外，还有一些把牺牲与玉帛埋入地下、沉入水中的祭祀。
>
> 祭地与祭天一样，都在郊外进行，所以又统称"郊祀"。

○四四

染指之祸

子公说自己的食指有特异功能，有吃必跳。郑灵公不甘当陪衬，盛宴群臣就是不给他吃，结果酿成君臣血案。

为了一点小事而意气用事，闹得互相残杀，这是很不值得的。春秋中期在郑国宫廷中，因为食鼋羹而造成郑灵公和公子宋的矛盾，二人都惨遭杀害，令人触目惊心。

让人半信半疑的特异功能

公元前 605 年春天，楚国送给郑灵公一只大鼋。第二天早朝时，子家（即公子归生）和子公（即公子宋）相遇，子公忽然觉得自己的食指无缘无故跳动起来，不由哈哈大笑。子家问他笑啥，子公笑着说："我

们今天要有口福了！"子家不解地问："你怎么知道今天会有口福？"子公答道："因为我的食指跳动了。"子家听了，更是莫名其妙，食指跳动与口福有什么关系呢？子公见他一脸茫然的样子，就解释说："我上次出使晋国，路上食指乱跳，结果当天席上吃到了石花鱼；后来出使楚国，食指又跳，结果又吃到了天鹅和合欢橘，次次如此，无不应验。今天不知又有什么奇珍异味可尝了！"子家对他的话仍是半信半疑。

郑灵公偏不让子公食鼋羹

两人进得宫来，见宰夫正在杀那大鼋，不由会心地大笑起来。郑灵公见两人模样，觉得奇怪，就问："你

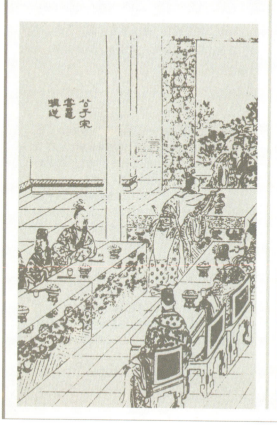

公子宋尝羹遭祸殃

公元前 605 年，楚国人给郑灵公送来一只大鳖。郑国大夫子公（公子宋）和子家（公子归生）去见晋灵公，在路上，子公的食指忽然翕翕自动，子公对子家说："只要我食指跳动，必定会吃到异味。"进官以后，果然看见灵公的厨师在杀鳖，两人相视发出会心微笑。灵公问他们笑什么，子家就说出了实情。等到品尝鳖羹时，灵公只把子公叫到跟前，却不给他鳖羹品尝。子公十分气愤，用手指在鼎中蘸了一蘸，尝了尝鳖羹。灵公大怒，想杀死子公。经众卿大夫劝说，子公得免于一死，事后子公与子家密谋，杀害了郑灵公。待郑襄公继位，又杀灭子公一族，将子家逐出郑国。此图出自清末石印本《东周列国志》。

> 历史文化百科 <

〔等级社会中的平民称谓：小人、匹夫〕

小人的称谓，先秦时期包括四种人：1.贵族统治者对一般平民的卑称，也称小民；2.仆人与奴隶；3.与人交往时的自谦之词；4.道德品质低劣者。

匹夫指一般百姓或庶人。据史书记载，那时士大夫以上都有成群的妻媵，而庶人只能一夫一妻相匹配，所以称之为匹夫或匹妇。

世界大事记　波斯征服米堤亚，波斯帝国（阿契美尼德王朝）建立。

子公　郑灵公

轻佻　残忍

染指之祸

《左传·宣公四年》
《史记·郑世家》

人物　典故　关键词　故事来源

带烟筒的青铜炉灶

青铜在春秋时期，被用来制造各种生活用具。这件晋国赵卿的青铜炊具，由灶体、釜、甑和烟筒共七个部件组成，总高160厘米。灶体内壁有许多小凸齿，用来搪灶挂泥，既可使炉膛热量集中，提高燃料利用效率，又可以防止炉灶烫伤人的身体。这种方法至今仍在许多地方沿用。

们笑什么？"子家就把子公的话一五一十地说了一遍，子公在旁满脸得意。郑灵公今天原本是想请各位卿大夫同尝鼋羹，现在见子公如此得意，心中不由恼怒，想：寡人请客倒为你的灵异验证了！就对子家说："你别吹得神乎其神，到底应验不应验还得看寡人的心情呢！"

中午时分，内侍布置好席位，郑灵公招呼卿大夫们一一入席。众人都坐好了，唯独子公被冷落在一旁，在他惶惶四顾间，郑灵公发话了："子公，你说你的食指如何如何灵验，寡人今天偏不请你，看

到底是你的食指灵，还是寡人的赏赐灵！"说话间，内侍们正在把鼎内煮好的鼋羹盛入食器端上宴席。子公受不得如此奚落，只觉血往上冲。他不管三七二十一，冲到鼎前，伸出食指，沾了点鼋羹就往嘴里尝。郑灵公见他当着众卿大夫的面，如此放肆，不由火冒三丈，吩咐左右把子公拉下去杀了。众卿大夫急忙劝解，才平息这场风波。

意气之争酿成相杀之灾

自此君臣关系恶化。郑灵公虽然心存芥蒂，总还不至于因一钵羹而杀大夫，而子公却对郑灵公恨之入骨，渐萌杀机。这年夏天，子公趁郑灵公秋祭斋宿之际，派勇士潜入斋宫，将装满沙土的皮口袋压在灵公身上，使他窒息而死。次日，子公宣称灵公中夜暴毙。灵公死后，其弟襄公继位，灵公之死的真相渐渐暴露。襄公岂能甘休，于是下令尽杀子公一族。第二年，参与策划暗杀的子家一族也被逐出郑国。

处理无原则的小事当以"和为贵"，郑灵公的不给食和公子宋的怨而杀，都是不可取的。

春秋青瓷鼎

这是一件春秋古淹城的瓷鼎。瓷鼎是一种罕见的鼎器，该鼎三粗短足，略外撇。腹部饰三周 S 形曲折划纹，肩两侧饰一对竖耳，腹部饰一对竖条状扉棱，扉棱上有压印。施釉均匀，呈青黄色。整个造型古朴大方，具有较高的艺术价值。

○四五

威义相济

楚庄王雄才大略，击败郑国后用了怀柔政策，瓦解了晋、郑联盟，然后转身同宿敌晋国在邲展开殊死决战

在春秋的历史上，楚庄王是一位有勇有谋的君王。他既用武力攻伐，又以道义服人，因而归附他的国家愈来愈多。楚庄王成为继齐桓公、晋文公之后，春秋时代的第三位霸主。请看他服郑胜晋的策略。

郑国——通向中原的道口

楚庄王向中原扩张，首先必须降服处于通道要口的郑国。公元前 604 年，楚庄王乘郑襄公新立，国内政局尚未稳定之际，发兵攻郑。郑国向晋国求援，楚国自忖难以取胜，只得回兵，接连三次都是如此。郑国为了自保，遂于公元前 598 年与晋国结成军事同盟。

消息传到楚国，楚国上下震动。事情明摆着：如楚国认可这一同盟，北进计划从此泡汤；如楚国拒绝这一同盟，就必须乘盟约新成，郑晋两国步调还未完全一致之前，迅雷不及掩耳地粉碎这一同盟。楚庄王选择了后者。

征服即可，何必灭亡？

公元前 597 年，楚庄王亲率三军讨伐郑国，围攻新郑，日夜轮番攻城，攻了整整三个月。死伤惨重的郑国终于抵挡不住，城池被楚军攻破，郑襄公被迫投降。按当时的习俗，投降者赤裸上身，手中牵羊，亲自在城门口拜迎胜利者。楚庄王在矛戈如林的甲士簇拥下走近城门，郑襄公赤着膊拜在门前尘埃里，叩首谢罪说："孤不德，未能服事上国，以致君王震怒，问罪敝邑。这是在下的错，在下知罪矣。现在生杀予夺，悉听君王之命。君王若以在下为战俘，流放江南；或将在下赐及诸侯为家奴，在下唯王命是从。君王如不忘敝国先人与楚国先人的友谊，不忍断绝其香火，赐给在下些许不毛之地，让在下有服事君王的机会，既是在下之福，也是君王对在下的恩赐！"围攻新郑百余天的楚军将士早已怒火万丈，听不进亡国之君的甜言蜜语；且楚军也死伤累累，正想狠狠地报复一番，所以纷纷对楚庄王说："大王，我们为了

楚庄王邲之战大胜晋军

辰陵之盟后，郑又附晋，楚庄王认为要征服郑国，非打败晋国不可。于是，公元前 592 年，楚再次伐郑，包围郑国国都整整三个月，最后破城而入，郑襄公去衣露体，牵着羊去迎接楚王，向楚请求不要灭掉郑。楚庄王采用了怀柔政策，退兵三十里，允许郑国讲和、楚、郑结盟，从此郑国屈服于楚。晋国得知郑国被围，派荀林父为大将，先縠为副帅，出兵救郑。这样，晋、楚之间发生了城濮之战后又一次大战：邲之战。由于晋军将领不和，指挥不统一，士兵无斗志，当楚军全面向晋军进攻时，晋军即告溃退。主帅荀林父慌了手脚，命令晋军撤退过河。这样一来，晋军更加混乱，纷纷争船渡河，人多船少，已上了船的士兵用刀砍攀在船沿的士兵的手，被砍的手指多得成堆。楚国很快取得了邲之战的胜利，从而奠定了楚庄王在中原地区的霸业。此二图均出自清刊本《东周列国志》。

前550年 公元前550年

世界大事记 缅甸仰光瑞德宫佛塔建于此时。

《左传·宣公十二年》
《史记·楚世家》
宽容 勇敢
楚庄王

人物 关键词 故事来源

《道德经》绘意图
《道德经》第四十二章："道生一，一生二，二生三，三生万物。万物负阴而抱阳，冲气以为和。"

心，报复的念头无时不在。现在楚军伐郑胜利，正当士气高昂之际，楚庄王毅然决定回师迎击。

两军在邲（bì），即今河南省郑州市东相遇。庄王亲自擂鼓，满怀复仇怒火的楚军将士像潮水般向晋军发起猛烈攻击。投降的郑国军队也从侧面助攻，正在渡河的晋军猝不及防，顿时像雪崩一样全线崩溃。楚国城濮战败的耻辱终于得以洗雪。

攻打郑国，几次三番，死了多少人，费了多少劲，才得到今天的胜利！郑国人出尔反尔，朝附暮叛，大王切勿听他的甜言蜜语，就此把郑国灭了罢！"楚庄王想了想，说："寡人讨伐郑国，就因他们不服从寡人，现在他们的国君已表示屈服，何必再加苛求呢？"于是下令后退三十里，接受郑国的投降求和，盟毕，班师回楚。

回师击晋援军

在此以前，晋国曾接到郑国的求救信，晋景公为慎重起见，召集群臣反复讨论多次，结果耽误了时间。等到派荀林父为主帅，率领三军前往救援，抵达黄河岸边时，方知郑国已被迫投降，楚军已经南去。这给荀林父出了个难题：是继续南下逼郑国重新归附晋国呢，还是就此回朝？最后荀林父决定渡过黄河，继续南下。楚庄王听说晋军追来，不由触动了心中的隐痛。三十五年前城濮大战，虽然不是发生在他的手里，但那次大战给楚国带来的巨大死伤和奇耻大辱，每个楚国人想起来都会泪如泉涌。楚庄王更是刻骨铭

以力胜人与以义服人相结合

楚国既降服郑，又击败晋，取得了双胜利，这显然与楚庄王的决策有关。试想，如果当时灭了郑国，子女财帛掠了一大堆，全军将士势必归心似箭，谁还愿意在享受胜利果实之前把命丢了呢？所以，楚军的降郑败晋，可以说是楚庄王以力胜人、以义服人、威义相济决策的胜利。

> **历史文化百科**
>
> 〔神奇的广袤猎场：云梦泽〕
>
> 云梦泽，今已湮没。据汉、魏时人记载，先秦时的云梦泽，大体区域在今江陵以东，云杜、沌阳以西的江汉之间，范围并不很大。晋以后，人们将古时的云梦泽越说越大，把八百里洞庭都包括在内。经专家们考证，我们现在古书中看到的云梦泽，事实上泛指春秋战国时期楚王的游猎区，大致范围包括整个江汉平原及东、西、北三面部分丘陵山峦。

庄王葬马

楚庄王对马有感情，爱驹死了伤心万分，想予厚葬以寄托自己的哀思，不料引起大臣们的非议。

楚庄王时，楚国有个出名的乐工优孟，不过他的出名，并非由于演奏如何美妙，而在于他能言善辩，经常能在谈笑间给君王以劝谏。

楚王爱马欲用大夫葬礼

楚庄王特别爱马，有一次好不容易得到一匹宝马，于是视若掌上明珠，给它穿上马衣，上面绣满好看的花纹；住的是特别建造的华丽房屋；睡的是特制的床；吃的是去了核的枣脯，跑得快了怕累坏，走得多了怕掉彩，于是这匹宝马越来越肥，终因患"肥胖症"而死。

楚庄王伤心得昏了头，竟然要群臣穿上丧服为宝马送葬，马棺之外再套马椁，甚至要用葬大夫的礼仪葬这匹马。有个大臣提出非议，认为马不过是一匹畜牲，畜牲与贵族同礼有失体统。楚庄王一听大恼，说

寡人葬马爱如何葬就如何葬，钱是寡人的，马也是寡人的，岂用你来指手画脚？一气之下，下了一道命令："有敢对葬马提出非议者，杀无赦！"

优孟哭泣请求赐恩

优孟听说了这件事，就入宫来见庄王，入殿时仰天大哭。庄王正在为大臣干预葬马的事生闷气，忽然看见优孟仰着脸号啕大哭着走上殿来，奇怪地问："为何如此伤心？"优孟一边哭泣一边说："宝马乃是大王的至宝，实为罕见。至于那些大夫，以堂堂楚国之大，一抬手就能招他十个百个，所以用大夫礼葬宝马实在过于轻薄，不够隆重，臣请求大王赐恩，用葬诸侯王的礼仪葬它！"楚庄王一听，问："如何葬法？"优孟答道："里面用雕花的玉棺，外面套刻有图案的木椁；让最有才华的文人题写讣辞；派三军将士为它挖坟；令四野百姓们背土；给宝马建庙，祭祀享天子太牢之礼；划万户之邑供奉庙产。只有如此，天下诸侯方能知道大王是何等轻贱人才而尊崇畜牲啊！"

〖历史文化百科〗

〔先秦葬礼〕

葬礼分陵寝、棺椁、随葬三部分。春秋之前，并无丘墓一说，有"古也，墓而不坟"的习俗。以后为辨认祭祀的方便，春秋中期开始出现墓，并越堆越高，至春秋晚期，已有高达15米的。战国中期开始，君王坟墓开始称为"陵"，并形成严格的等级制，不得僭越。

棺椁，里边装殓尸体的称"棺"，棺外隔一定空间再加一层的称"椁"。依死者身份的不同，棺椁的厚薄、材质、彩绘、层数也各不相同，所谓"天子棺椁十重，诸侯五重，大夫三重，士再重"，庶民则有棺无椁。

随葬的差别极大。春秋战国时沿袭商周遗风，流行厚葬，因当时人相信人死之后到另一个世界继续生活，所以随葬有极力铺陈的。随葬品分人殉、物殉二种。从目前的考古发掘看，几乎死者生前享用的一切，皆可随葬。但随社会文明程度的进化，人殉制度渐趋式微，而由木俑、陶俑替代。

源起于春秋中晚期的印章

春秋中晚期以后，玺印成为一种信物的凭证。为了谋取商业利益，在频繁的交易中，国君和地方官吏或官场同像之间的交往中，都需要这种凭证。随着应用与需求，官印与私印流行于各个领域各个阶层。甫易都右司马印为官印中的一种。

繁而不俗的兽面纹玉饰

繁复的兽面纹与蟠螭纹通常多见于商周时期的青铜器，而在玉器上则不多见。这件在河南出土的玉器由于常年浸蚀后呈乳白色，不过其精良纯熟的雕琢技艺，还是没有因此磨灭。其纹饰布局从容，繁而不俗，不由得让人叹为观止。

更葬爱马于口腹之中

优孟的一番哭诉，无异于一番辛辣的讽劝，楚庄王是位雄主，岂有不领悟之理？立即想到当此列国纷争之际，人才乃立国根本，轻贱人才重视器玩，无异自掘坟墓，拿自己的江山开玩笑。想到这里，楚庄王不由出了一身冷汗。他重重叹了口气，扼着手腕说："寡人的错误性质竟然这么严重！现在应该怎么办呢？"优孟鞠了一躬，破涕为笑说："希望大王以人间六畜之常礼葬之：以炉台为椁，用铜锅为棺，加一些姜枣，用兰木为柴，以稻草作引，让火焰成为它的衣裳，最后葬入大伙的口腹之中。让天下人都知道，大王爱宝马，但更爱人才！"楚庄王一听，马上传令照办，同时下诏规定，以后所有马匹，都归有司管理，自己再不插手。

中国大事记 鲁国季孙、孟孙、叔孙三家三分公室，瓜分了鲁君的土地与民口，作三军，各得一军。公元前537年，又四分公室，季孙得二，余各一。

○四七

优孟表演

艺人优孟有德行，虽处弄臣地位，楚相孙叔敖却予托孤之信。

相国临终的嘱托

楚相孙叔敖为官清廉，知道艺人优孟是个人才，在位时就与他私交很好，后来一病不起，临终前对儿子说："我一生为官清廉，家徒四壁，我死后，你的生活一定贫困。如想得到帮助，不妨去见优孟，只要对他说'我是孙叔敖的儿子'就可以了。"说完就咽了气。

孙叔敖死后多年，儿子确实十分贫穷，一家子靠打柴为生。有一天，他背着一捆柴饥寒交迫地走在路上，正遇着优孟，他想起父亲临终前的嘱咐，就对优孟说："我是孙叔敖的儿子。家父临终前嘱咐我：'贫困时可以找优孟。'"优孟见他一身破衣烂衫、面黄肌瘦，吃力地背着一大捆柴禾，心中十分不忍，就收留了他。

模仿死人进谏

优孟回到家中，让人给他做了一套孙叔敖生前常穿的衣冠，日夜揣摩、练习孙叔敖的语气和体态，整整一年过去了。一天，优孟悄悄地将楚庄王身边的几位侍从请到家里，自己化装后出来与他们相见、寒暄，侍从们竟无法分辨究竟是优孟还是孙叔敖。优孟放心了。

过了些天，正逢楚庄王生日，宫中大摆宴席，优孟上殿为庄王祝寿。优孟穿上孙叔敖的衣服，戴上孙叔敖的头冠，模仿孙叔敖生前的样子，缓缓走来，楚庄王一见，不由大惊失色、目瞪口呆，以为孙叔敖又复活了。知道内情的左右忍不住笑了起来，楚庄王这才明白过来，执意要拜优孟为相，优孟说："臣得回家去同妻子商量一下，三天后给大王答复。"庄王答应了。三天后，优孟入宫，庄王问："你妻子怎么说？"优孟模仿自己的妻子，尖声尖气地说："还是省力点好，至于楚国的相，那更没有干头。你看孙叔敖作楚相，清正廉明，尽心尽力，辅佐楚王成就了霸业，可死后怎么样呢？他的儿子穷得无立锥之地，破衣烂衫，靠打柴活命。"说罢，优孟就表演起来，他唱道："家住在偏僻山里，耕种几块薄地，终年劳苦，不得温饱。忽有一天当了官，品格低下者贪赃枉法，家富累万，可是终究有罪在身，整日惶恐不安，就怕一旦泄露抄家杀头。做个好官吧，奉公守法、不干坏事，可结果又怎样呢？

最早的水利工程：芍陂
芍(què)陂是我国见诸文献最早的渠系水利工程，也是古代淮河流域最著名的水利工程，在今安徽寿县的南部，相传是春秋楚庄王时期的孙叔敖所修建，隋唐后改名为安丰塘，至今仍发挥着显著作用。

前546年

公元前 5 4 6 年

世界大事记

波斯灭吕底亚，并渐次征服小亚细亚诸希腊城邦。

《史记·滑稽列传》

楚庄王　纳谏
优孟　忠言

人物　关键词　故事来源

优孟智谏楚庄王

楚相孙叔敖是当时楚国名臣，他非常尊敬艺人优孟，病重临死时，嘱咐自己的儿子日后陷于贫困，便去找优孟。后来，贫困交加的孙叔敖之子遇到优孟，就说自己是孙叔敖的儿子。优孟化装成孙叔敖进宫给楚庄王祝寿，楚庄王一见，大吃一惊，以为孙叔敖复活了。优孟说，孙叔敖为楚相，尽忠为廉以治理楚国，楚王得以称霸中原，如今他死了，他的儿子却连个立锥之地都没有。接着唱起一首歌，大意是楚相孙叔敖持廉至死，方令妻子穷困负薪而食，这样的廉吏安可为也！楚庄王听了心感惭愧，向优孟道歉，又召来孙叔敖的儿子，封他寝丘之地四百户，以奉其祭祀，后十世而不绝。图出自清末石印本《东周列国志》。

没看到楚国宰相孙叔敖吗？一心为公，守廉至死，可如今妻贫子困，打柴为生，这样的好官又有什么当头？"

楚王猛醒酬功劳

优孟一边歌唱，一边表演，演到孙叔敖妻子落魄处，泪如泉涌，满朝文武都低下了头。楚庄王是个硬汉子，也禁不住红了眼圈。等优孟表演完毕，楚庄王站起身来，毕恭毕敬地向优孟施了一礼。第二天就下令召孙叔敖的儿子进宫，封寝丘四百户为孙叔敖邑，在今河南固始县，以延续其一脉香火。从此，孙叔敖子孙摆脱了贫困。

小小桌案上的"动物世界"

俎是古代用于祭堂前或厨房里盛放食物的桌案。这张战国时期的俎，俎面呈长方形，两端上翘，边沿起棱，可防止物品滑落。这种制式在后世的桌案上屡见不鲜。俎面髹黑漆，其余部位则在黑漆底上用朱漆描绘各种禽兽图案，总共 42 只禽兽无一雷同。

▶历史文化百科◀

〔人有十等〕

春秋战国各国变法之前，旧秩序将人分成十等，依次为王、公、卿大夫、士、皂、舆、隶、僚、仆、台。王为最高统治者，下面一级服从上一级。十等人中，前四等为贵族，一般采用嫡长继承制。后六等为奴隶，主要为贵族的家内奴隶。家内奴隶主要由破产的贫民或战俘组成，但如获得战功或对主人有杰出贡献，可免除奴籍而获得平民身份。专家认为，上述人有十等的划分表明了当时社会等级制的状态，并不能包容所有的社会人口，如占人口很大比例的"庶人"、"工商"就没计算在内。

〇四八

楚庄王时,国力强盛,与加强法制建设密切有关。请看当时一个"茅门之法"的故事。

太子犯法与民同罪

有一天,楚庄王因急事召见太子,太子急匆匆地驾着马车赶往宫里。这时天上正在下雨,宫前空地上白茫茫一片积水。一方面为了避雨,一方面为了节省水中跋涉的时间,太子令车夫将马车一直赶到宫门口,想不到被楚国执掌刑法的廷理拦了下来。

当时楚国的法规中有一项"茅门之法"。所谓"茅

茅门之法

楚庄王老了,将什么传给后人呢?借太子犯规之际,庄王告诉儿子,国有三宝:法度、忠臣和尊重人才的政策。

门",又叫"雉门"。原来各国诸侯王宫中都有三道门,即库门、雉门、路门,雉门是三道门中的第二道。以此门划界,外面是治理政务的外朝,里边是嫔妃所在的后宫。为了保护君王的安全,楚国特地制订了这项"茅门之法",规定:群臣大夫及各位公子进入朝廷时,凡马蹄踩到了茅门屋檐的滴水

春秋燕国的鸟形铜鼎
河北唐山古属燕国,因燕地以鸟为崇拜物,故这里出土的春秋炊具铜鼎,全器呈鸟形,流与鋬均作鸟首状,上饰有密集的纹饰。此器体形制特殊,显得较为怪异。

王公贵族的聘取场面

这幅《聘礼行迎图》是出土于湖北江陵的一个春秋战国时期的漆奁上的漆画。马车在当时属于高档交通工具，一般只有王公贵族家才有。画中这户人家为了聘娶新娘，动用了马车，就好比现在结婚用高档名牌轿车一样，可见场面之隆重。

处，廷理就应砍断马车车辕，杀掉驾车人。现在太子闯宫，显然触犯了这条法规。廷理对太子说："您车直抵茅门，触犯了王宫之法！"太子自知理亏，不敢强辩，赶忙解释说："大王急召，我等不得积水退走，所以让车夫将车赶到宫门口。"那廷理毫不理会太子的解释，不由分说挥手令卫士上前，击断了车辕，杀掉了车夫。

维护法制，保护守法之臣

太子进宫去向楚王哭诉，要楚庄王杀了那廷理。楚庄王对太子说："法令是保证祖宗神庙得到敬重、国家政权获得尊严的工具，故能维护法制，使国家政权得到保障的人，便是国家的忠臣，怎能惩处呢？反之，那些无视法令，不尊重国家利益的人，和叛臣逆子一样，才是国家最大的敌人和颠覆君王地位的最大隐患。臣犯君上则君主失威，下臣崇尚争斗则君上地位危殆。威失位危，国家政权不稳，我将以什么传给子孙？"楚庄王见太子渐渐领悟到了他的意思，又接着说："至于那个廷理，在他的前面有我这个老王，他不看我的情面而放过你；在他的后面，有你这个

将来要继承王位的太子，他也不为了自己的前程而讨好你，这才是我真正守法的忠臣啊！"

太子心悦诚服，廷理得到奖励

楚庄王一番语重心长的话，使太子茅塞顿开，他恭恭敬敬地向楚庄王叩了三个头，退出宫去。他露宿三天后，又北向跪叩请罪，表示对自己唐突法规的忏悔。楚庄王又对那位廷理升爵二级，以示表彰。

▶历史文化百科◀

〔纸发明前的通用书写材料：简〕

用竹、木制成的书写材料，竹片称"简"，木片称"札"，也有统称"简"、"牒"的，若干片简、札串联后使用称为"册（策）"。简的制作是先将竹烘干，使其定型、防蛀和便于书写，这叫"杀青"。札则需在书写的一面再行磨光。从现有的出土实物考察，竹简一般宽0.5~1.2厘米，札通常在1厘米以上，长度则相对宽泛，有10厘米左右的，也有70厘米以上的。简上文字用毛笔书写，以竹黄为书写面，少数竹青上也有书写，书写有误时则用刀削去重写。把简串联成册的编绳，多用丝、帛制成，极少数也有用牛皮的。编绳道数依简长短分2~5道不等。书写完毕的册以木简为中轴，文字向内卷拢存放，以方便取用和阅读。

○四九

勇士解扬

晋大夫解扬奉命出使宋国，传递救援急信，不料被楚军拘获。他假装屈服顺从，机智地完成了任务，然后甘愿受死。楚庄王念他是个忠臣，毅然释放了他。

在晋楚争霸的过程中，晋国大臣解扬为完成国家使命，机智勇敢、宁死不屈的精神感人至深，在当时广为传颂。

受命出使宋国

楚庄王为了削弱晋国，扩大自己在中原的势力，决定向晋国在中原地区的盟友宋国进攻。公元前595年秋，因为宋国杀害了楚使者文无畏，楚军包围了宋国都城商丘，建造了同城墙一样高的楼车，四面攻城。宋文公急忙派人向晋国求救。晋景公召群臣商议，准备出兵救宋，谋臣伯宗认为不可，他说："楚国兵势正大，我们自援郑大败之后，元气尚未恢复。宋国离楚近而离晋远，

实有鞭长莫及之虑。眼下之计，莫如先派使臣稳住宋君，坚定宋国抵抗决心，然后再视局势变化决定进退。"晋景公采纳了伯宗的建议，问群臣谁愿出使宋国。大夫解扬自告奋勇，领了符命，向宋国而去。

被俘将计就计

由晋国到宋国，郑国是必经之地。解扬经过郑国时被郑国守军逮捕。为讨好楚国，郑襄公让人将解扬装入囚车献给了楚庄王。楚庄王问解扬为什么到宋国去？解扬答："奉晋君之命，来向宋致意，让宋国先行固守，晋军后将至。"楚庄王对解扬说："宋国之破

宋华元登床劫楚子反

公元前595年，楚师围困宋国都城，宋派人至晋求救，晋人邲之战的余悸未消，不愿派兵救宋，却派大夫解扬去告诉宋人不要投降，诡称晋之大军将至。解扬经过郑国赴宋，被郑人抓住献给了楚庄王。楚庄王让解扬劝宋人投降，解扬假意答应，但在登上巢车与宋人对话时，却告诉宋人晋国大军将前来援助。庄王欲杀解扬，而解扬说："我已完成了国君交给我的任务，这才是真正的守信。"说罢请诛，庄王却认为解扬是忠臣不惧死，放他回国。宋国执政华元因解扬传递救援消息，守城益坚，亲自于夜间偷入巢营，把楚军主帅子反从床上拉起，逼他私下订立了退兵的盟约。第二天，子反报告楚庄王，楚庄王命楚军后退30里，宋与楚遂结盟。此图出自清末石印本《东周列国志》。

> **历史文化百科**

〔古代审讯程序：三刺、三宥、三赦〕

三刺是古时审讯遇疑狱而征求众人意见的一种法律制度。古书上记载"以三刺断庶民狱讼之中，一曰讯群臣，二曰讯群吏，三曰讯万民"。专家解释说："刺，杀也。三讯罪定，则杀之。"三宥也作三原，为宽大之意。古时判处死刑须经过三次宽宥，三宥依次为："一宥曰不识，再宥曰过失，三宥曰遗忘。"三赦指幼弱、老年、痴呆三种人犯罪可予赦免的制度。

世界大事记

波斯王居鲁士二世东征，占领阿富汗北部，并进入乌浒河（今阿姆河）、药杀水（今锡尔河）流域。

十三《左传·宣公
—十五年》
《史记·楚世家》

勇敢 宽容 机智

楚庄王 解扬

人物 关键词 故事来源

憾了，于是答应了庄王的要求。

忠义行为感动庄王

解扬被押到宋国城下，登上楼车，便大声呼喊道："宋人听着，我是晋国使臣解扬，被楚军所俘，要我诱降你们！你们万万不可投降，我国君主很快将率大军前来救援！"庄王在下面听了，不禁大怒，忙喝令楚兵将解扬从楼车上揪下来，骂道："你答应了寡人，又出尔反尔，如此无信之人，死有余辜！"吩咐左右把解扬拉下去砍了。解扬觉得自己的使命已经完成，死而无憾了。他看着暴跳如雷的楚庄王，平静地说："大王，下臣并未失信。臣听说：'君王以发号施令为信，臣子当以贯彻王命为本分。'臣若听命于大王，必失信于敝君。在下受敝君之命而来，原本已以生命付之，大王要杀在下，在下也死得其所。不过，如有楚国臣子背弃大王命令，谋取他国好处，是不是也可称之为有信呢？大王如认为这种臣子有信，请立即杀了在下，以昭楚国之信。"说完，慨然等死。楚庄王听完解扬一席话，玩味良久，被解扬的忠义精神所感动。于是，下令释放了解扬。解扬回到晋国，受到晋景公的特别嘉奖，拜为上卿。

楚国士兵的甲片漆皮

春秋末年，楚国一直想通过武力来消灭周围的其他国家。图为湖南长沙出土的楚国士兵的甲片漆皮。

只在旦夕之间，寡人不想多杀人，希望你将晋君之言反过来说，告诉宋君说晋国国内有事，急切间抽不出人来，宋国人绝了念头，必然投降寡人。你若能这样做，寡人定会厚赏你。"解扬听了一言不发。楚庄王等了一会，见解扬不吭声，就说："如果你不答应，寡人就杀了你，照样攻城！"解扬心中寻思：我若不答应，必死无疑，使命也无法完成，不如先假意答应，到得宋国照实把主公的意见告诉宋国，那时再死也无

春秋蟠螭纹方镜

春秋时期的铜镜种类已经非常丰富，花纹种类形形色色，其中蟠螭纹是比较常见的一种。这也从一个侧面反映了中华民族对于龙的崇拜。

春秋青瓷碗（上图）

这件春秋时期的原始青瓷碗，敞口，口沿外折，圆唇，弧壁浅腹，高圈足。口沿上饰五周弦纹和三个 S 形堆贴。足底涂有一圈黑漆。釉呈黄绿色，厚薄不均。底内有粗犷突兀的旋纹。

中国大事记

经宋大夫向戌建议，晋、楚、齐、鲁等十四国会盟于宋，举行弭兵大会，各小国共奉晋、楚为霸主，定期朝贡。史称"向戌弭兵"，此后数十年战事基本平息。

○五○

赵氏孤儿

因奸臣构陷，满门忠义的晋国赵氏惨遭灭族之祸，赵朔之妻庄姬依仗公姐身份逃入宫中，生下一子，家臣程婴巧施调包计，摆脱追踪，远遁深山，苦心育孤，等待复仇的日子。

晋国正卿赵氏这一个大族，曾经遭受灭族之灾。所有赵家的人都被杀光了，只留下了一个遗腹子。然而十五年后，此遗腹子竟使赵氏复兴。这在当时，是一个惊心动魄的传奇故事。

灭门之祸

公元前607年，晋正卿赵盾逃脱晋灵公的追杀，还未出境，其弟将军赵穿即袭杀灵公于桃园而迎赵盾回都。赵盾回都后，经与群臣商议，拥立晋襄公胞弟黑臀为君，即晋成公。七年后成公死，其子继位，即晋景公。不久，赵盾去世了。赵盾一死，

春秋淹城青铜器：牺簋

这件春秋古淹城青铜器，腹部一端有兽头，兽头有角一对，眼一双，口鼻清楚，形状像牛。兽头面部和颈上部有两条粗弦纹，颈下部饰角鳞纹，腹部两侧饰云雷纹。它充分体现了春秋时期淹城的独特地域文化特征。

晋景公宠上了弄臣屠岸贾，任他为司寇。屠岸贾先有宠于灵公，重新掌权后变得更加刁奸歹毒。他不择手段地培植亲信，势力一天大似一天。公元前597年，屠岸贾以赵盾弑君的罪名处赵氏灭族之罪。大夫韩厥得悉大惊，急忙找到赵盾的儿子赵朔，叫他赶快逃走。赵朔不肯，说赵氏为国鞠躬尽瘁，数代忠义，宁做冤鬼，不当亡臣。不一会，屠岸贾率领甲士蜂拥而至，赵朔、赵同、赵括、赵婴齐一族数门男女老幼悉数被杀。赵朔的妻子庄姬是成公的胞姐、景公的姑妈，当时有孕在身，甲士不敢动她，庄姬乘机逃入景公宫中。

大义忠仆

赵盾从前的心腹门客公孙杵臼与程婴惊悉赵家惨遭灭族之祸，结伴来到赵家准备一同赴难，到得门外，听到屠岸贾的亲信在搜寻庄姬，说她有孕在身，不斩草除根，必留下祸患。程婴听了，心里一动，对公孙杵臼说："主公家复兴的希望寄托在庄姬一身，我俩若死去，庄姬无人相助，必难逃死劫。若天佑赵氏，庄姬幸而生男，我们应把他抚养成人，以报血海深仇。"公孙杵臼深以为然。

逃入宫中的庄姬足月后果然生下一个男婴，取名赵武。屠岸贾闻讯入宫窥探，庄姬急迫中将孩子藏在裤中，心中祷告："如苍天保佑赵氏，就让孩子不要出声！"屠岸贾四周溜达，好久不见动静，就转身出宫而去。程婴与公孙杵臼决定当晚将孩子救出，公孙杵臼问程婴："抚育孤儿与慷慨赴死哪

世界大事记

希腊天文学家、哲学家、地理学家阿那克西曼德认为宇宙基本要素为“无限”，万物生于“无限”，又复归于“无限”。

人物：赵盾 程婴
典故：赵氏孤儿
关键词：忠义 盟誓
故事来源：《史记·赵世家》《史记·晋世家》

权力和地位的象征：用鼎礼器

礼器是用于祭祀和宴会等礼仪场合的器物。先秦“藏礼于器”，就是通过礼器的大小、数量等方面的不同象征所有者的权力和地位，将等级制度物化。礼器一般包括食器、酒器和祭器，其中鼎是最重要的器物。周礼规定，天子用九鼎，诸侯用七鼎，卿、士大夫等依次递减。上图为虢国国君墓中的陪葬列鼎。

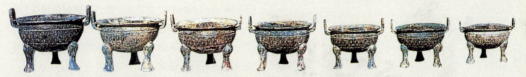

个难？”程婴说：“赴死容易育孤难。”杵臼说：“既如此，你任其难，我任其易，如何？”程婴问：“此话怎说？”公孙杵臼说：“我去找一相仿的婴儿，抱入首阳山中，你到屠岸贾处举报，屠贼得到婴儿，以为祸根已除，必不再追究。你另行设法将赵武藏匿起来，抚育成人。”

金蝉脱壳

当天半夜，二人抱着他人婴儿，用绣花的小儿被包裹着，依计向山中逃去。天明，程婴到屠岸贾处装作贪图悬赏的样子，举报赵氏孤儿藏匿于首阳山某处。屠岸贾得报大喜，立即指挥心腹带人前去搜捕。程婴将追兵带到约定地点，公孙杵臼装作十分悲愤的模样，大骂程婴卖主求荣。杵臼与婴儿立时被追兵砍成肉泥。接着，程婴便抱着赵武潜入盂山隐居下来。

进宫任卿

十五年后，晋景公病危，恶梦连连，找来卜师占卜问神。卜师说是冤死的晋国功臣作祟，其后人流离失所，得不到照顾。晋景公请老大夫韩厥进宫商量。韩厥与赵氏私交甚厚，又深知赵家的冤情，现在见时机成熟，

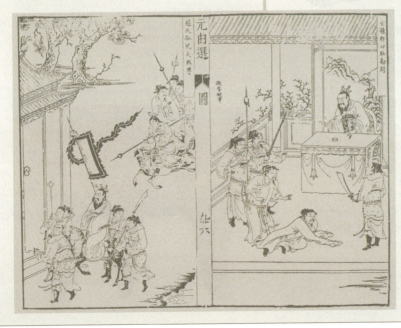

“赵氏孤儿”演绎历史名剧

公元前583年，因奸臣诬陷赵氏造反作乱，晋国诛杀赵朔、赵同、赵括等，将赵氏全族都杀戮，并四处搜捕赵氏遗孤赵武。赵家门客程婴与公孙杵臼定计，以他子假冒赵武替死，从而救出赵武，由程婴抚养成人，最终平反昭雪，报了冤仇，赵武继承卿位，赵氏势力重新恢复。元杂剧《赵氏孤儿》即演此故事。此二图均出自《元曲选》插图。

春秋青铜神兽

这件神兽出土于河南淅川楚墓，一对，形制基本相同。由龙首、虎身、龟足、蛇尾拼合而成，形象极其怪诞。头上的兽角也是由小龙构成，兽背开孔，可插曲体器架。架上立着的怪兽也是龙首虎身，它的口中还衔着一条吐火曲体龙。全器满饰龙凤纹，并用孔雀石镶嵌。通过环环相套和多处拼凑的怪兽形象，营造一种神秘奇异的氛围。

> **历史文化百科**
>
> 〔**春秋战国时期的山戎墓葬群**〕
>
> 1987年，北京市郊延庆古城发掘出相当于春秋战国时期的山戎部族墓葬群，共有墓葬107座，灰坑25个，石祭坛1处。出土的文物有各类陶、石、骨、蚌器和青铜器千余件。经考古专家对全部人骨的鉴定，在102座墓中，男性49座，女性36座，儿童17座。男性寿命最长者不超过50岁，儿童半岁至两岁间占将近一半，另一半为8岁到11岁。这些情况表明，当时这支山戎部族的社会生活极不安定，条件相当艰苦。

便将赵氏遗孤的事一一说出。景公笃信因果报应，忙下令召赵武进宫承袭赵氏卿位；同时下令将奸臣屠岸贾灭族，以抵冤杀赵氏一族之罪，希望以此安抚赵氏冤死的鬼魂别再作祟。

如约赴死

待赵武成人，在行冠礼的宴会上，程婴对赵武和大家说："赵氏蒙难，家臣悉数同死。我当时不死，是为立誓要抚育赵氏遗孤。今天赵武已经成人，官复原职，我心愿已了，将下报赵盾与公孙杵臼。"赵武痛哭流涕地挽着程婴的手说："赵武愿像儿子一样服侍您，您难道忍心抛下我去死吗？"程婴答道："我与公孙杵臼有约，他先我而去，我不死有负于公孙杵臼。"说罢，自杀身亡。赵武以养子身份服丧三年，建祠祭祀。

赵氏孤儿的传奇故事，惊险奇特，生动感人。元代、明代以后，戏剧家写了许多这方面内容的剧本，以扬善鞭恶，教育世人。

春秋淹城古器物：夹砂陶鼎

春秋时期的鼎器多为青铜铸造，但在江南一带的古淹城却有以陶或瓷制的鼎，充满了古朴的韵味。这件春秋古淹城器物，就很好地体现了这一特点。

《左传·成公七年》

怨愤 壮志

疲于奔命

申公屈巫臣

人物 典故 关键词 故事来源

○五一

巫臣教吴叛楚

楚将子重和子反因财产和女色杀了申公巫臣的家人，分了他的家产。而巫臣便要他们疲于奔命而死。

巫臣是楚国申县的长官，故又称申公巫臣；他属屈氏家族，也称屈巫。因为与楚将子重、子反有矛盾而逃奔晋国，然后再出使吴国，教吴各种战术，使其叛楚、攻楚。巫臣教吴是春秋后期的一件大事，它改变了当时的形势和格局。

有怨恨立志报复

公元前595年楚国大军包围宋国，逼使宋国签订城下之盟。楚军将帅子重（即公子婴齐）和子反（即公子侧）有功，子重请求楚庄王以申、吕之地作为封赏，庄王答应了。申本来是申公屈巫臣的管辖之地，于是巫臣反对，说："楚先王在申、吕筑城邑，是为了抵御北方。若把两地封赏给子重，楚国就缺乏北部的防御，晋、郑的军队就会打到汉水来。"庄王觉得有理，就收回了对子重的承诺。子重因此非常怨恨屈巫臣。

子反想娶郑夏姬为妻。巫臣劝子反别娶，说："夏姬是个不祥之人，娶此女人会对你不利的。"子反听了巫臣的话。巫臣却娶了夏姬逃走了。子反也非常怨恨巫臣。

楚庄王死，共王即位。子重和子反联合将申公巫臣家族的主要人物杀的杀，抓的抓，分享了巫臣的家产，并把已杀的几个人的家产分给其他大臣。巫臣在晋国获悉后，写了书信寄给他们，说："你们这样滥杀无辜，我一定会报复的，要使你们疲于奔命而死。"

晋楚鄢陵大战形势图

公元前575年，郑国叛晋附楚，晋厉公十分震怒。为了不使晋国失去在诸侯中的霸主地位，晋厉公亲自率军攻打郑国。郑国立即求救于楚国，楚共王率军救郑。晋、楚双方在鄢陵（今河南鄢陵县北）交战。楚军逼近郑军，摆开阵势。从楚奔晋的苗贲皇建议晋厉公分兵去攻击楚的左、右军，然后三军联合进攻楚中军王卒。双方激战中，晋国吕锜射中楚王眼睛，楚军被困在险阻之地，公子茷也被晋俘获。战斗自晨至暮，楚共王找子反议事，子反酒醉而不能见，楚共王只得乘黑夜逃走。子反酒醒后知道误了战机，自杀身亡，楚军败归。鄢陵大捷，使晋厉公扬威于诸侯，欲霸天下。图为鄢陵大战示意图。

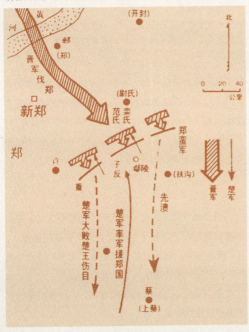

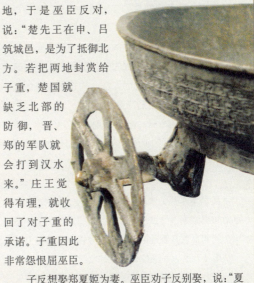

147

教吴车战，身手不凡

巫臣为了实现报复的目的，就向晋景公请求出使到正在今江苏无锡、苏州一带崛起的吴国，并给予一定数量的战车、善于车战战阵的士兵和一些射手。晋景公之所以会同意这一请求，一方面是由于吴国为周太王之子太伯建立的姬姓国家，另一方面是由于若能帮助吴国强大起来，有能力同楚国抗衡，则有利于晋国。巫臣率领了战车车队和士兵、射手来到吴国，吴君寿梦真是喜出望外。巫臣使出浑身解数，教吴国的将士乘车、在车上作战的本领、怎样列布战阵、怎样战胜楚国等军事问题。巫臣本来就是楚国杰出的将帅，深知楚国的军事，更了解子重、子反两个楚军统帅的战法，现在来教吴国怎样同楚国作战，效果当然特别显著。

巫臣完成使命后，把儿子屈狐庸作为使者安置在吴国，继续帮助吴国训练军队，并督促吴国向西扩张。

吴军伐楚，节节胜利

吴军本来善于水战，现在又掌握了车战本领，真可谓如虎添翼，可以水陆并进。吴军可能出于小试牛刀，就北上攻打嬴姓的郯国，在今山东省郯城县。这一试果然获胜，并逼使郯国签订盟约。

就在巫臣使吴的当年，公元前584年，吴军又攻入原服属于楚的州来国（今安徽凤台县）。公元前570年，楚人调集军队攻吴，被吴中途拦击，俘虏楚将邓廖。接着吴人伐楚，又夺取驾邑（今安徽无为县）。公元前559年，楚伐吴，吴又从险道中途拦击，大败楚军，俘虏楚公子宜谷。至公元前538年，吴再伐楚，攻入棘、栎、麻，即今河南省永城市和安徽省砀山县一带。这时，楚国对吴开始感到惧怕。

由于吴军攻楚的接连获胜，作为楚军将帅的子重

以长篇错金铭文著名的栾书缶

此缶的主人栾书（？—前573）即春秋时晋国的大夫栾武子。在这个铜缶上，有错金铭文五行，共四十字。错金技法始于春秋中期，一般戈、剑、矛等兵器上的错金铭文都是寥寥数字，而像栾书缶上这样长篇的错金铭文在春秋时期极为罕见。

和子反就像消防队一样，率领了军队去救那些小国或楚国的边境，作战失败后又为活命而狼狈逃奔，史书说他们俩"一岁七奔命"。由于在一年中的频繁奔命，子重和子反相继死去。正应了屈巫臣给他们的书信中说的话："疲于奔命而死"。

一次军事和文化的交流

申公巫臣同子重和子反之间的怨恨是为财产和女色而引起的。子重和子反为报复而杀了巫臣的家人，分了他的家产，是为一错。巫臣为了发泄私愤而教吴叛楚，泄露国家的军事机密，更是大错。

我们还应该从这个故事中看到：巫臣使吴是一次军事和文化的交流。

《左传·成公十七年》《左传·成公十八年》

晋厉公 郤至　怨愤 残忍

人物　关键词　故事来源

○五二

晋厉公外嬖之祸

晋三郤由于得罪晋厉公宠幸的人，被晋厉公派人杀死。晋厉公因滥杀无辜，又被其他卿大夫所杀。

郤氏积下怨仇，众怒难犯

晋厉公是晋朝历史上一位昏庸的国君。他生活奢侈，身边有许多外嬖。外嬖是指那些得到晋厉公宠幸的士大夫。这些外嬖随着受宠幸程度的提高，野心也逐步膨胀起来。鄢陵之战归来后，他们打算除去其他卿大夫，而封立自己的党羽。

胥童、夷阳五、长鱼矫都是外嬖，他们和郤氏有很深的积怨。郤氏是晋国很有势力的贵族之一，曾执掌晋国军队大权。晋成公时，胥克统领下军，胥克是胥童的父亲，因患上神经错乱症而被正卿郤缺免去职务。从那个时候起，胥、郤两家开始结怨。夷阳五因为他的田被郤锜抢夺去而与郤氏有积怨。至于长鱼矫则

是因为和郤犨争夺田地失败并受辱而与郤氏产生积怨。郤氏不仅在外嬖中受人怨恨，而且一些士大夫也对他们不满，栾书就是其中之一。栾书是晋国的正卿。在晋与楚的战争中，郤至没有采用栾书的计谋而结果击败了楚军，栾书十分妒忌，想把他除掉，自己取而代之。

设计陷害，制造事端

为了达到目的，栾书便暗中与楚国国君勾结。楚君由于郤至的计谋而被打败，对他恨之入骨。两人一拍即合。于是楚国君派楚公子茷来晋国欺骗厉公，说："鄢陵之战，是郤至招来楚军，他打算发动变乱，接纳公子周立为君主。恰好遇上盟国的军队没有到齐，因此事情没有取得成功。"晋厉公把楚公子茷的话转告栾书。栾书便建议晋厉公派人到成周去，暗中核实一下此事情。晋厉公果真派遣郤至到成周。栾书又另派人让公子周会见郤至，郤至不知这是栾书的阴谋。晋厉公验证了此事，以为确实如此，便开始怨恨郤至。

> **历史文化百科**
>
> 〔春秋时期的服丧制度〕
>
> 　　服丧内容包括丧服与守丧二端。丧服分斩衰、齐衰、大功、小功、缌麻五种，服制越重，丧服衣料也越是粗糙，以示哀痛的程度。其中斩衰最重，用最粗的生麻布制成，衣边毛糙不缝合，适用于诸侯为天子，臣为君，子为父，丧期三年，实际是二十五个月。齐衰为次等，用熟麻布，缝边。丧期依逝者及家中情况的不同，分三年、一年、半年、三个月四种。大功用细麻布，丧期九个月。小功用更细密的熟麻布制成，丧期五个月。缌麻用最精细的熟麻布做成，丧期三个月。

矛盾激化，三郤丧生

郤至到成周会见公子周这一件事，仅仅是晋厉公怨恨郤至的开始，两人矛盾真正白热化则是另一件事情引起的。有一次，晋厉公外出打猎，正与诸姬姜饮酒作乐，郤至把他猎杀的野猪献给晋厉公，旁边的宦官孟张夺走了野猪，于是郤至拔箭当场射杀孟张。晋厉公非常震怒，以为郤至目无君主，竟欺负到他的头上，对他已构成极大的威胁，遂决心杀掉郤氏。

晋厉公将要采取行动之前，胥童为他分析形势，指出郤氏是个权势很大的贵族，容易威胁君主的统治，并且郤氏到处与人结下怨恨，讨伐他们，容易获得别人的支持。这样，就更加坚定晋厉公除掉郤氏的决心。

晋厉公将要诛杀郤氏的事情被三郤知道了，在郤氏当中引起很大的反响。三郤聚在一起商议对策。郤锜主张出兵攻打晋厉公，认为即使战死，也要使厉公损兵折将。与此相反，郤至则主张按兵不动。他始终相信晋厉公不会采取行动，他认为自己不但无罪，反而有功于晋国，如果晋厉公除掉他，将失信于民。并且自己是领受国君的俸禄，假如再聚党叛君，罪将更大。

事情没有按郤至所猜想的方向发展。公元前574年十二月壬午这天，晋厉公命令胥童、夷阳五等带领八百名士兵

春秋淹城古器物：原始青瓷簠

春秋时期淹城的出土器物中有以陶或瓷替代青铜制作器皿的特点，而且样式十分原始古朴。这件青瓷簠，肩部堆贴有五只不等距分布的小鸟和一对绚纹耳，耳两侧饰附加 S 堆纹，腹部两侧各堆贴一道扉棱，并有八周细密的锥刺纹。除底之外，满施青黄釉。

袭杀三郤。三郤当时正坐在屋里，郤锜和郤犨当场被击毙在座位上，而郤至在逃命的过程中也被击杀。三人死后，尸体都被陈列在朝廷上。

终于自食其果

在击杀三郤后，胥童乘势在朝廷上劫持栾书和另一大夫中行偃，劝厉公杀掉两人。他认为这两人心地险恶，迟早会叛国弑君。但厉公以为一天早上已经杀死了三个卿，不忍心再杀，并恢复他们的职位。不久晋厉公反而被栾书和中行偃囚杀了。这是晋国历史上一场因外嬖而发生的祸乱。国君宠信什么人，可要慎重啊！

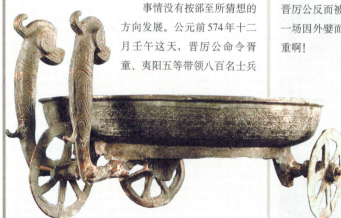

春秋淹城古器物：三轮青铜盘

春秋时期古淹城青铜器，通常具有独特的形制，体现了吴越文化的地域特征。盘足下装有三轮，前轮安装在底部向前伸出的一对 L 兽形器尾部的转枢处。盘腹饰一周云雷纹，云雷共五层。前轮两侧上竖的兽体，头部有眼、嘴和角，颈部为鱼鳞纹，背部像有两只羽翅，腹肚为空心，背部下端各有一条尾巴。带有三轮的青铜盘是淹城特有的样式，相当奇特，既美观又方便实用。

公元前 540—前 468 年

前540年
前468年

世界大事记

耆那教创立者筏驮摩那在世。

《左传·襄公三年》
《左传·襄公十一年》
《左传·襄公十四年》

魏绛
晋悼公

法制
和亲

人物　关键词　故事来源

○五三

魏绛刚直不阿

执法严明的中军司马

魏绛尽力辅助晋悼公，提出许多积极的建议和措施，使晋国力增强，诸戎顺服，再度成为盟主。

魏绛是春秋时期晋国的一位官员，他对晋国的法治和外交政策都作出了重要贡献。

公元前 570 年，晋悼公与许多诸侯到鸡泽，在今河北邯郸市东进行会盟。当军队走到鸡泽附近的曲梁时，悼公的弟弟扬干的车马，胡乱在军队中穿行，冲乱了队列，并影响军队的行进速度，这是一种违反晋国军纪的行为。魏绛这时为中军司马，主管军队的军纪。为了严明纪律，魏绛把为扬干驾车的仆人杀掉了。

晋悼公知道这件事后，十分恼怒。晋国在鸡泽与诸侯会盟，是一件荣幸的事情。但魏绛在这时杀人，实在大煞风景，并且是在羞辱他的弟弟。晋悼公认为，如果这时杀掉魏绛，是不算重大过失的。他手下的一个臣子羊舌赤并不同意晋悼公的看法，劝谏说："魏绛对国君忠心耿耿，没有异志。事君不避难，有罪不逃刑。国君不必派人去杀他，他会来说明原因的。"

话音刚落，魏绛便到

最早以蚕桑纹装饰的铜尊

尊高 21 厘米，口径 15.5 厘米。尊上花纹分为三组，主体部分即第三组位于器腹，由四片图案化的桑叶组成，叶上布满了形态各异的小蚕。尊口表面也铸有十几组蚕形，每组两条，翘首相对。以蚕桑图案装饰青铜器，在当时尚是首次，它反映了我国家蚕培育已进入桑林放养阶段。

151

国，以法管理民众。盟会结束回到晋国后，晋悼公特设礼食于庙招待魏绛，并命他辅佐赵武统领的新军。

外和诸戎的英明决策

公元前 569 年，有一个叫无终的山戎国，它的国君派了一个使臣到晋国，通过魏绛送上虎豹之皮，请晋国与诸戎和好。晋悼公说："诸戎无情无义，并贪得无厌，不应该和他们结盟，最好出兵讨伐。"魏绛见晋悼公没有和戎结盟的诚意，开始为他分析当时晋所处的形势，指出："晋国刚和诸侯结盟，并与陈国和好不久，他们都在观望晋国：如果晋国是个施行仁德的国家，则和晋继续相好，否则就会关系破裂。现在派军队远征戎人，假如楚国讨伐陈国，就不能救助陈国，实际上是抛弃了陈国。如果这样，华夏诸侯也会离心。况且戎国生产和文化都十分落后，获得戎国而失去了华夏诸侯，是非常不划算的。"接着魏绛以"太康失国，少康中兴"的故事来强调德政的重要，终于使晋悼公改变了态度。魏绛进一步为晋悼公分析

春秋兽形器座

春秋中期兽形器座，是当时照明用具。一神兽直立于蟠屈 8 字形的蛇身之上，两前肢和头上两角各攀一枝盏托，上端应有圆盘形灯盏，造型生动，工艺精湛，是春秋文物中的精品。当四灯点燃，左右前后辉映，产生富丽堂皇的效果。神兽形象可能具有一定的神话含义。

来了。他叫人把一封书信交给晋悼公，便准备抽佩剑自杀谢罪。旁边的大臣制止了他的行为。当时晋悼公正在室内阅读着魏绛的书信。魏绛在信中陈述了他自杀的原因，说："军队必须无条件地服从军纪军令，如有违反军纪或官吏不严格执行军法，两者都是大罪。至于杀扬干的车仆，作为军中的司法官在事先不能训告众人，使他们懂得军纪、军法，是我的过失，应当承担责任，依军法惩处。只有这样，才能平息君主的怒气。"晋悼公本来就深信魏绛，得知他杀扬干的原因后，唯恐魏绛自杀，赤足从室内奔出来，对魏绛说："扬干的事情，是寡人管教不严的过错。先生把车仆杀了，是正确的。如果先生因为这件事再被杀，就是加重寡人的过失。"他命魏绛不要自杀。

通过魏绛处理这件事，晋悼公认为他能依法治

世界大事记

波斯灭新巴比伦，两河流域归入波斯版图。居鲁士二世下令释放被囚于巴比伦的犹太人，约4万2千名犹太人返回巴勒斯坦。

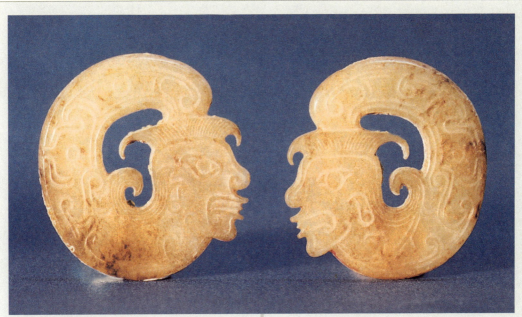

人首蛇身形象的玉饰

玉饰出土时共有两件，大小薄厚相同。但两件玉饰正反两面有差异，耳佩圆环者为一男性，另件为一女性。玉器纹饰精美，玲珑剔透，反映了春秋时期高超的琢玉工艺。黄君孟墓葬出土的这对玉饰在目前出土的玉器中首次见到，此玉饰雕琢的人首蛇身形象很可能与传说中人类始祖伏羲、女娲有关。

春秋淹城古器物：原始青瓷杯

这件原始青瓷杯是春秋时期吴越淹城所出，口沿外折，圆唇，口沿下内敛成束颈状，平底。腹一侧饰一上翘的兽尾状把。除底外，满施黄绿色釉。

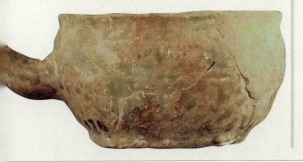

和戎国结盟有诸多好处：“能使得晋国增加财富，扩充军队的实力；如果诸戎都侍奉晋国，周边的国家肯定会震惊，就能达到慑服诸侯的目的。”晋悼公觉得有理，于是派魏绛和诸戎结盟。

因功受赏的气度

魏绛尽力辅佐晋悼公，使得晋国的国势蒸蒸日上。到晋悼公十一年，即公元前562年，郑国送给晋国乐师、乐器、车马等很多东西。晋悼公因魏绛和戎之后，诸侯九次来会盟，认为这些都是魏绛的功劳。晋悼公于是把一半的东西赐给魏绛，魏绛坚决不受，他推辞说：“这些东西只能君主拥有。至于和诸戎结盟，是国家的福气，诸侯九次来会盟，是国君的威严所导致的。”在晋悼公一再坚持下，魏绛才收下这些礼物。

位序	称号	在位年份	在位年数	位序	称号	在位年份	在位年数
1	鲁惠公	前 768—前 723	46	20	晋定公	前 511—前 475	37
2	鲁隐公	前 722—前 712	11	21	晋出公	前 474—前 452	23
3	鲁桓公	前 711—前 694	18	22	晋敬公	前 451—前 435	17
4	鲁庄公	前 693—前 662	32	23	晋幽公	前 434—前 416	19
5	鲁湣公	前 661—前 660	2	24	晋烈公	前 415—前 389	27
6	鲁釐公	前 659—前 627	33				
7	鲁文公	前 626—前 609	18	1	齐厘公	前 730—前 698	33
8	鲁宣公	前 608—前 591	18	2	齐襄公	前 697—前 686	12
9	鲁成公	前 590—前 573	18	3	齐桓公	前 685—前 643	43
10	鲁襄公	前 572—前 542	31	4	齐孝公	前 642—前 633	10
11	鲁昭公	前 541—前 510	32	5	齐昭公	前 632—前 613	20
12	鲁定公	前 509—前 495	15	6	齐懿公	前 612—前 609	4
13	鲁哀公	前 494—前 467	28	7	齐惠公	前 608—前 599	10
14	鲁悼公	前 466—前 429	38	8	齐顷公	前 598—前 582	17
15	鲁元公	前 428—前 406	23	9	齐灵公	前 581—前 554	28
				10	齐庄公	前 553—前 548	6
1	晋昭侯	前 745—前 740	6	11	齐景公	前 547—前 490	58
2	晋孝侯	前 739—前 724	16	12	齐晏孺子	前 489	1
3	晋鄂侯	前 723—前 718	6	13	齐悼公	前 488—前 485	4
4	晋哀侯	前 717—前 710	8	14	齐简公	前 484—前 481	4
5	晋小子	前 709—前 707	3	15	齐平公	前 480—前 456	25
6	晋侯湣	前 706—前 679	28	16	齐宣公	前 455—前 405	51
7	晋武公	前 678—前 677	2				
8	晋献公	前 676—前 651	26	1	秦文公	前 765—前 716	50
9	晋惠公	前 650—前 637	14	2	秦宁公	前 715—前 704	12
10	晋文公	前 636—前 628	9	3	秦出公	前 703—前 698	6
11	晋襄公	前 627—前 621	7	4	秦武公	前 697—前 678	20
12	晋灵公	前 620—前 607	14	5	秦德公	前 677—前 676	2
13	晋成公	前 606—前 600	7	6	秦宣公	前 675—前 664	12
14	晋景公	前 599—前 581	19	7	秦成公	前 663—前 660	4
15	晋厉公	前 580—前 573	8	8	秦穆公	前 659—前 621	39
16	晋悼公	前 572—前 558	15	9	秦康公	前 620—前 609	12
17	晋平公	前 557—前 532	26	10	秦共公	前 608—前 604	5
18	晋昭公	前 531—前 526	6	11	秦桓公	前 603—前 577	27
19	晋顷公	前 525—前 512	14	12	秦景公	前 576—前 537	40

位序	称号	在位年份	在位年数	位序	称号	在位年份	在位年数
13	秦哀公	前536—前501	36	9	宋成公	前636—前620	17
14	秦惠公	前500—前491	10	10	宋昭公	前619—前611	9
15	秦悼公	前490—前477	14	11	宋文公	前610—前589	22
16	秦厉共公	前476—前443	34	12	宋共公	前588—前576	13
17	秦躁公	前442—前429	14	13	宋平公	前575—前532	44
18	秦怀公	前428—前425	4	14	宋元公	前531—前517	15
19	秦灵公	前424—前415	10	15	宋景公	前516—前469	48
20	秦简公	前414—前400	15	16	宋昭公	前450—前404	47
1	楚霄敖	前763—前758	6	1	陈文公	前754—前745	10
2	楚蚡冒	前757—前741	17	2	陈桓公	前744—前707	38
3	楚武王	前740—前690	51	3	陈厉公	前706—前700	7
4	楚文王	前689—前677	13	4	陈庄公	前699—前693	7
5	楚堵敖囏	前676—前672	5	5	陈宣公	前692—前648	45
6	楚成王	前671—前626	46	6	陈穆公	前647—前632	16
7	楚穆王	前625—前614	12	7	陈共公	前631—前614	18
8	楚庄王	前613—前591	23	8	陈灵公	前613—前599	15
9	楚共王	前590—前560	31	9	陈成公	前598—前569	30
10	楚康王	前559—前545	15	10	陈哀公	前568—前534	35
11	楚郏敖	前544—前541	4	11	陈惠公	前533—前506	28
12	楚灵王	前540—前529	12	12	陈怀公	前505—前502	4
13	楚平王	前528—前516	13	13	陈湣公	前501—前479	23
14	楚昭王	前515—前489	27			公元前479年	楚灭陈
15	楚惠王	前488—前432	57				
16	楚简王	前431—前408	24	1	卫庄公	前757—前735	23
17	楚声王	前407—前402	6	2	卫桓公	前734—前719	16
				3	卫宣公	前718—前700	19
1	宋武公	前765—前748	18	4	卫惠公	前699—前697	3
2	宋宣公	前747—前729	19	5	卫黔公	前696—前687	10
3	宋穆公	前728—前720	9	6	卫惠公	前686—前669	18
4	宋殇公	前719—前711	9	7	卫懿公	前668—前661	8
5	宋公冯	前710—前692	19	8	卫戴公	前660	1
6	宋湣公	前691—前682	10	9	卫文公	前659—前635	25
7	宋桓公	前681—前651	31	10	卫成公	前634—前600	35
8	宋襄公	前650—前637	14	11	卫穆公	前599—前589	11

位序	称号	在位年份	在位年数	位序	称号	在位年份	在位年数
12	卫定公	前 588—前 577	12				
13	卫献公	前 576—前 559	18	1	蔡共侯	前 761—前 760	2
14	卫殇公	前 558—前 547	12	2	蔡戴侯	前 759—前 750	10
15	卫献公	前 546—前 544	3	3	蔡宣侯	前 749—前 715	35
16	卫襄公	前 543—前 535	9	4	蔡桓侯	前 714—前 695	20
17	卫灵公	前 534—前 493	42	5	蔡哀侯	前 694—前 675	20
18	卫出公	前 492—前 481	12	6	蔡穆侯	前 674—前 646	29
19	卫庄公	前 480—前 478	3	7	蔡庄侯	前 645—前 612	34
20	卫君起	前 477	1	8	蔡文侯	前 611—前 592	20
21	卫出公	前 476—前 456	21	9	蔡景侯	前 591—前 543	49
22	卫悼公	前 455—前 451	5	10	蔡灵侯	前 542—前 531	12
23	卫敬公	前 450—前 432	19	11	蔡平侯	前 530—前 522	9
24	卫昭公	前 431—前 426	6	12	蔡悼侯	前 521—前 519	3
				13	蔡昭侯	前 518—前 491	28
1	郑武公	前 770—前 744	27	14	蔡成侯	前 490—前 472	19
2	郑庄公	前 743—前 701	43	15	蔡声侯	前 471—前 457	15
3	郑厉公	前 700—前 697	4	16	蔡元侯	前 456—前 451	6
4	郑昭公	前 696—前 695	2	17	蔡侯齐	前 450—前 447	4
5	郑子亹	前 694	1		公元前 447 年		楚灭蔡
6	郑子婴	前 693—前 680	14				
7	郑厉公	前 679—前 673	7	1	曹穆公	前 759—前 757	3
8	郑文公	前 672—前 628	45	2	曹桓公	前 756—前 702	55
9	郑穆公	前 627—前 606	22	3	曹庄公	前 701—前 671	31
10	郑灵公	前 605	1	4	曹厘公	前 670—前 662	9
11	郑襄公	前 604—前 587	18	5	曹昭公	前 661—前 653	9
12	郑悼公	前 586—前 585	2	6	曹共公	前 652—前 618	35
13	郑成公	前 584—前 571	14	7	曹文公	前 617—前 595	23
14	郑厘公	前 570—前 566	5	8	曹宣公	前 594—前 578	17
15	郑简公	前 565—前 530	36	9	曹成公	前 577—前 555	23
16	郑定公	前 529—前 514	16	10	曹武公	前 554—前 528	27
17	郑献公	前 513—前 501	13	11	曹平公	前 527—前 524	4
18	郑声公	前 500—前 463	38	12	曹悼公	前 523—前 515	9
19	郑哀公	前 462—前 424	39	13	曹襄公	前 514—前 510	5
20	郑幽公	前 423	1	14	曹隐公	前 509—前 506	4
21	郑缱公	前 422—前 396	27	15	曹靖公	前 505—前 502	4

春秋时期主要诸侯世系表

位序	称号	在位年份	在位年数	位序	称号	在位年份	在位年数
16	曹伯阳	前501—前487	15	3	燕穆侯	前728—前711	18
		公元前487年	宋灭曹	4	燕宣侯	前710—前698	13
				5	燕桓公	前697—前691	7
1	吴王寿梦	前585—前561	25	6	燕庄公	前690—前658	33
2	吴王诸樊	前560—前548	13	7	燕襄公	前657—前618	40
3	吴王余祭	前547—前531	17	8	燕桓公	前617—前602	16
4	吴王余眜	前530—前527	4	9	燕宣公	前601—前587	15
5	吴王僚	前526—前515	12	10	燕昭公	前586—前574	13
6	吴王阖闾	前514—前496	19	11	燕武公	前573—前555	19
7	吴王夫差	前495—前473	23	12	燕文公	前554—前549	6
		公元前473年	越灭吴	13	燕懿公	前548—前545	4
				14	燕惠公	前544—前536	9
1	越王允常	前510—前497	14	15	燕悼公	前535—前529	7
2	越王勾践	前496—前465	32	16	燕共公	前528—前524	5
3	越王鹿郢	前464—前459	6	17	燕平公	前523—前505	19
4	越王不寿	前458—前449	10	18	燕简公	前504—前493	12
5	越王朱勾	前448—前412	37	19	燕献公	前492—前476	17
				20	燕孝公	前475—前455	21
1	燕哀侯	前766—前765	2	21	燕成公	前454—前439	16
2	燕郑侯	前764—前729	36	22	燕文公	前438—前415	24

春秋十四诸侯国姓氏及都城表

周	姬姓	周天子	雒邑（今洛阳）	陈	妫姓	舜后裔	陈（今淮阳）
鲁	姬姓	周公旦后裔	曲阜	蔡	姬姓	周武王弟叔度后裔	蔡（今上蔡）
齐	姜姓	姜太公（尚）后裔	临淄（营丘）	曹	姬姓	周文王子叔振铎后裔	陶丘（今定陶）
晋	姬姓	周成王弟叔虞后裔	曲沃　迁绛	郑	姬姓	周宣王弟友后裔	郑
秦	嬴姓	相传为颛顼后裔	平阳　雍　泾阳	燕	姬姓	周文王子召公奭后裔	蓟
楚	芈姓	相传为颛顼后裔	郢	吴	姬姓	周太王子太伯后裔	吴（今苏州）
宋	子姓	商纣王庶兄微子启后裔	商丘	越	姒姓	夏少康后裔	会稽（今绍兴）琅邪　吴
卫	姬姓	武王弟康叔后裔	朝歌　楚丘　帝丘　野王				

聚焦：公元前 770 年至公元前 403 年的中国

呜呼！时运之说，岂不信哉！当春秋、战国之交，岂特中国民智，为全盛时代而已；盖征诸全球，莫不系焉。自孔子、老子以迄韩非、李斯，凡三百年，九流百家，皆起于是。前空往劫，后绝来尘，尚矣。

梁启超

我们看到（春秋战国时）政治忠诚的迅速改变引起了封建等级结构的崩溃，战争和产业的变化造成了巨大的痛苦和灾难，结果是产生了文化动荡的时代。

胡适

春秋时代之为矛盾时代，是中国史中最明显之事实。……春秋时代之矛盾，征之于《左传》、《国语》者，无往不然；自政治以及社会，自宗教以及思想，弥漫皆是。

傅斯年

当春秋时，大约吴、楚等国称雄的区域，因强国不止一个，没有一国能尽数慑服各国，所以不敢称王，只得以诸侯之长，即所谓霸主自居，……所以春秋时代，大局的变迁，系于几个霸国手里。

吕思勉

春秋时代，周室东迁，王纲解纽，封建体制一变而为列国，霸主制度应运而生。正因王室权威已经陵夷，列国尽力扩张，中原诸国，壤土相接，不可能有多少扩张空间。中原周围的各国，则一华夷杂处，可以兼并不属于华夏系统的各种族群，既有攘夷的借口，又有扩张的实惠。

许倬云

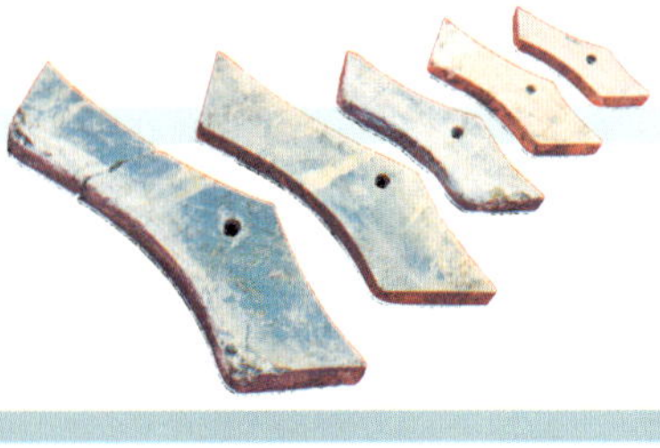

文苑泰斗，学术名家，聚焦于公元前 770 年至公元前 403 年的中国。他们以宏观或者微观的独到眼光，对春秋社会的政治经济和社会文化的各个层面作了深入浅出、鞭辟入里的解析。这些凝聚了高度智慧的学术精华，历经岁月洗礼，常读常新，是我们走进中国历史文化殿堂的引路人。

春秋时代，可以说是封建政治全面崩溃的一大过程。其最显著的，无过于各国并吞之祸。

徐复观

"春秋"者，史书之名，而非时代之名，以相沿既久，故循用之。西周之政教，至春秋时，有相沿而未变者，有蜕化而迥殊者，史家著论，多以为西周降至春秋，实为世衰道微之征。

柳诒徵

春秋时代，实可说是中国古代贵族文化已发展到一种极优美、极高尚、极细腻雅致的时代。

钱穆

春秋战国初年，各国的对外政治，大体可以分为三种关系：一是华夏对夷狄，二是诸侯对周天子，三是诸侯对诸侯。

白寿彝

随着大夫权威之继续增长，这些大夫便企图取诸侯的地位而代之。在春秋时，臣弑其君的事情，史不绝书。

翦伯赞

春秋战国在中国的历史上，是一个大大的解放时代。在文学发展史上，有一个明显的事实，那便是诗的衰颓与散文的勃兴。

刘大杰

图书在版编目（CIP）数据

春秋巨人（上）/陈祖怀著.—上海：上海锦绣文章出版社，2014.2
（话说中国：普及版）
ISBN 978-7-5452-1257-0

Ⅰ.①春… Ⅱ.①陈… Ⅲ.①中国历史—春秋时代—通俗读物
Ⅳ.①K225.09
中国版本图书馆CIP数据核字（2013）第062534号

责任编辑　顾承甫　李　欣
特邀审订　杨善群
特邀审读　王瑞祥
特邀编辑　王建玲　侯　磊　刘言秋　李曦曦
整体设计　袁银昌　李　静
摄　　影　徐乐民　麦荣邦
电脑绘画　严克勤　王　伟
图片整理　居致琪
印前制作　北京世典华文文化传媒有限公司　邵海波
印务监制　张　凯　黄亚儒

书名
春秋巨人（上）
　　——公元前770年至公元前403年的中国故事
著者
陈祖怀
出版
上海锦绣文章出版社·上海故事会文化传媒有限公司
发行
北京世典华文文化传媒有限公司
电话：010—62870771
传真：010—62874452
地址：北京市海淀区红山口甲3号209楼14号
邮编：100091
公司网址：http://www.sdhwmedia.com
电子邮箱：shidianhuawen@sina.com
印刷
北京爱丽精特彩印有限公司印刷、装订
版次
2014年2月第1版　2016年1月第2次印刷
规格
787×1092　1/16　印张10
书号
ISBN 978-7-5452-1257-0/K·432
定价
35.00元

告读者　如发现本书有质量问题请与印刷厂质量科联系 T:010—84311778